김학철

연세대학교 학부대학 교수, 연세대학교 교양교육연구소 소장. 연세대학교 신학과를 졸업하고 동 대학원에서 신약학 전공으로 박사학위를 받았고, 기독교 교양을 학문의 주제로 삼아 연구하고 가르치고 있다. 한국기독교교양학회 부회장, 한국신약학회 편집위원장 등으로 학술 활동을 하였다. 기독교 교양학 및 신약성서를 주제로 한 수십 편의 논문 외에도 《허무감에 압도될 때, 지혜 문학》《성스러움과 아름다움이 입 맞출 때》《마태복음서: 고전으로 읽는 성서》《아무것도 아닌 것들의 기쁨: 사도 바울과 새 시대의 윤리》《렘브란트, 성서를 그리다》 등 여러 권의 책을 썼다. 〈세바시〉, CBS〈잘잘법〉, 〈삼프로 TV〉 등 방송과 유튜브에 출연해 성서와 기독교 교양을 소개하기도 한다.

손으로 읽는 신약성서

일러두기

- 이 책은 《손으로 읽는 신약성서》(크리스천헤럴드, 2006)의 개정판이다.
- 특별한 언급이 없는 한 성서 인용은 새번역을 따랐다.
- 헬라어는 국제발음표기에 맞춰 음역했다.

손으로 읽는 신약성서

김학철 지음

1판 1쇄 인쇄 2025. 1. 14. | **1판 1쇄 발행** 2025. 2. 5. | **발행처** 포이에마 | **발행인** 박강휘 | **편집** 강영특 | **디자인** 조명이 | **마케팅** 고은미 | **홍보** 박은경 | **등록번호** 제300-2006-190호 | **등록일자** 2006. 10. 16. | 서울특별시 종로구 북촌로 63-3 우편번호 03052 | 마케팅부 02)3668-3260, 편집부 02)730-8648, 팩스 02)745-4827

값은 뒤표지에 있습니다. ISBN 979-11-5809-098-2 03230 | 이메일 masterpiece@poiema.co.kr | 좋은 독자가 좋은 책을 만듭니다. | 포이에마는 독자 여러분의 의견에 항상 귀를 기울이고 있습니다.

손으로 읽는
신약성서

천천히, 하나하나
짚어가며 읽을 때 보이는 것들 ──
✦

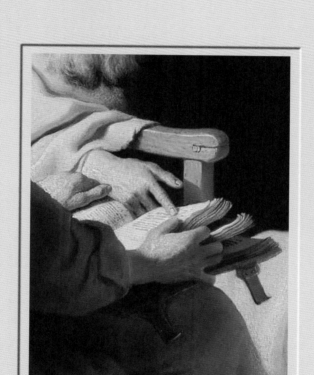

김학철

포이에마
POIEMA

렘브란트, 〈논쟁하는 두 노인〉, 1628, 패널에 유채, 58×72cm, 빅토리아 국립미술관, 멜버른

네덜란드의 거장 렘브란트는 성서를 소재로 한 다수의 그림을 남겼다. 그림에서 베드로와 바울은 성서를 앞에 두고 토론한다. 바울은 성서의 특정 구절을 오른손 검지로 짚어 자신이 말하는 바의 성서적 근거를 제시한다. 바울의 말을 경청하는 베드로의 오른손도 가만히 있지 않는다. 베드로는 바울의 말이 끝나자마자 그의 논거를 반박할 본문에 세 손가락을 끼워 넣었다. 렘브란트의 베드로와 바울은 손으로 성서를 읽어가며 토론한다.

렘브란트, 〈예언자 안나〉, 1631, 패널에 유채, 48×60cm, 네덜란드 국립미술관, 암스테르담

렘브란트는 자신의 어머니를 모델로 예언자 안나가 성서를 읽는 모습을 그린다. '손을 대고' 성서를 읽는, 곧 성서를 '읽고 이해하려는' 태도는 렘브란트 시대 네덜란드 프로테스탄트들의 특징이었다. 중세 가톨릭 신자들은 성서를 읽고 이해하려 하기보다는 라틴어로 낭독된, 그래서 무슨 말인지도 모를 성서의 말씀을 들었을 뿐이다. 렘브란트의 어머니는 네덜란드에 살면서도 가톨릭 신앙을 꿋꿋이 지켰지만, 아들 렘브란트에 의해 '손으로 성서를 읽는' 개신교화된 가톨릭 신도로 나타난다.

렘브란트, 〈마태와 천사〉, 1661, 캔버스에 유채, 81×96cm, 루브르 박물관, 파리
렘브란트는 마태가 고심하며 복음서를 쓰는 장면을 보여준다. 천사의 계시가 있지만
마태는 이를 의식하지 못한다. 이 그림은 그의 선배 격인 카라바조의 동일 제목 그
림과 사뭇 다르다. 카라바조의 그림에서 마태는 천사가 불러주는 말을 그대로 받아
적기 바쁜 듯이 보인다. 렘브란트의 마태가 역사적 진실에 더 가까울 것이다. 우리의
성서 읽기에 거룩한 힘의 도움이 없지 않을 것이나 우리가 그 도움을 직접 의식하는
경우는 많지 않다.

렘브란트, 〈메노나이트 설교자 안슬로와 그의 부인〉, 1641, 캔버스에 유채, 208×
174cm, 베를린 국립회화관

안슬로는 메노나이트 신자로, 유명한 설교자였다. 아내에게 성서의 말씀을 전할 때,
그는 아내의 시선과 성서 사이에 자신의 안내하는 손을 걸림돌처럼 만들지 않는다.
아내는 안슬로의 말을 듣지만, 눈은 성서를 본다. 가톨릭과는 달리 성서와 독자 사이
에 어떤 매개도 필요 없다고 주장하는 종교개혁가들에게는 이런 장면이 가장 올바른
성서 읽기의 예일 것이다.

머리말

한 출판사에서 발행한 신약성서를 지금 손에 들고 있다. 활자도 제법 시원시원하게 크고, 삽화까지 곁들여져 읽기에 좋은 그런 형태의 신약성서이다. 크지 않은 내 손으로도 한 뼘이 채 되지 않을뿐더러 누군가의 가방에 슬쩍 넣어둔다 해도 무게의 차이를 알 수 없을 정도로 가볍다.

이제 고개를 들어 책장에 꽂힌 이름 높은 한 신약성서 주석 시리즈를 올려다본다. 30권이 넘는 저 두꺼운 주석서를 들고는 과연 몇 걸음이나 내디딜 수 있을까. 신약성서 첫 장의 표현을 빌린다면, "글이 그 글을 낳고, 그 글이 또 그 글의 글을 낳고, 또 그 글의 글이 또 그 글의 글의 글을 낳아" 글은 탑을 이루고, 성을 쌓았다.

봄가을을 뒤로하고 학자들이 정성껏 쌓은 탑과 성을

둘러보며 지내다, 어느새 글의 성찬盛饌 한자리에 내 자리도 있음을 깨달았다. 그러나 학자들이 나누는 저들끼리의 '방언'의 난도가 높아지면서 일부 목회자들과 이른바 '평신도'들은 학자들의 공든 탑을 저주받을 바벨탑이라고 규정하였다.

신학자들의 잔치 자리가 혐오와 멸시의 눈길을 받는 데는 나름의 이유가 있다. 신학은 기본적으로 교회를 위한 학문이다. 신학은 자체 정당성을 갖기보다는 교회와 신앙을 위해 존재했다. 그런데 일부 신학자들은 교회로부터 떨어져 나와 일종의 학문적 게토getto를 형성한 것이다.

신학자들이라고 그러한 현상에 대해 할 말이 없지 않다. 무엇보다도 신학자들은 자신의 연구에 대해 '신앙 좋은 사람들'이 벌이는 '테러'를 두려워한다. 한 유명한 신학자가 이런 푸념을 늘어놓았다. 지질학을 연구한 전도유망한 젊은 학자가 대학원 세미나에서 강의하면 모든 학생은 그 학자의 말을 경청하고, 이해하고, 받아 적으려고 노력할 것이다. 그러나 신학자들의 경우는 그것과는 사뭇 다르다. 수십 년간 신학을 연구한 노老학자가 대학 1학년생들에게 강의를 시작하면, 곧바로 손을 드는 학생들이 있다. 그들은 몇 개의 성서 구절을 그 자리에서 암송하고는 노교수의 견해가 '성서적으로 잘못되었다'고 지적하고 비판한다. 신학의 학문성이 통속적 고정관념에 의해 짓눌리는 사례들을 살펴보면, 학문의 울타리 밖으로 나오는 학문적 권위가 왜 기존의 '성서적 견해'를 확인해주는 선에서 자신의 사회적 발언을 멈추려 하는지를 이해할 수 있다.

이와 같이 서로에게 적당한 거리를 두는, 이른바 '비호의적인 무관심의 거리'를 좁힐 수 있는 방법은 무엇일까? 성서를 책상 앞에 펴고, 그것을 손으로 읽는 것이 가장 유력한 방법이 될 수 있다. 여기서 '손으로' 읽는다 함은 기존에 우리가 가지고 있었던 편견과 선입관을 잠시 접어두고 성서가 무엇을 말하는지를 한 단어 단어에 손끝을 대고 진지하게 듣는 것이다.

이 책은 "천천히 정확히" 신약성서를 읽어가며, 신약성서 및 성서의 특정 본문에 대한 이해를 새롭게 하고, 그 지평을 확장하고자 한다. 특별히 신약 본문의 사회정치학적인 함의를 제시하고, 더 나아가 신약성서를 오늘날의 정황과 연결지으려 한다. 이것은 이른바 해석학적 태도를 취하는 것인데, 이는 성서가 우리의 신앙 실존에 지속적인 영향력을 주어야 하고, 또 그럴 수밖에 없다는 저자의 학문적 소신이 반영된 것이다.

몇 개의 글은 전문적인 신학자들에게도 새로운 내용일 테지만, 이 책은 주로 목회자들과 평신도들, 그리고 신학생들을 독자층으로 상정했다. 다시 말해 이곳에서 나는 이른바 '대중적 지식인'의 역할을 담당하고자 했다. 따라서 학문적인 내용과 문체, 그리고 그 격식을 따르기보다는 '천천히 정확히' 성서를 읽고자 하는 독자들에게 초점을 맞추었다.

글의 대부분은 〈주간 기독교〉에 3년간 연재했던 것들로, 이 책을 위해 수정하고 확장했다. 짧은 호흡의 글들이기 때문에 쉽고 편하게 읽을 수 있으리라고 생각한다. 또한 굳이 순서에 얽매이지 않고 자유롭게 자신에게 흥미로운 주제의 글을 택하여 읽을 수도 있다.

2006년 1월 홍은동 작은 집에서

개정판을 내며

이 책의 초판은 2006년에 출간되었다. 내가 신진 신약학자로 활동하던 때였다. 책은 몇 쇄를 찍었다고 들었다. 그때와 지금을 비교해보면 신약성서 본문은 크게 달라지지 않았다. 2012년 세계에서 가장 권위 있는 헬라어 성서인 네스틀레-알란트 신약성서는 개정판(28판)을 내면서 공동서신에서 약 16개 어구와 단어를 수정했을 뿐이다. 그러나 나와 성서 본문에 대한 나의 이해는 완전히 혹은 부분적으로 달라졌다. 무엇보다 '그 본문에 이것이 가장 설득력 있는 해석'이라는 자신감이 지나친 것임을 깨달았다. 믿는 것도 사는 것도 더 조심스러워졌다.

내가 더 조심스러워졌기 때문인지는 몰라도, 성서 앞에 삼가는 태도를 취하기보다는 자신의 억지 주장을 성서를 통해 입증하고 싶어 하는 이들은 줄지 않은 듯 보인다. 성서라는 권위 앞에, 다시 말해 하나님의 말씀 앞에 겸허히 서서 '하나님은 하늘에 계시고 나는 땅에 있다'라는 경건을 배우기보다는 자신의 욕망이 성서에 근거하고 있다고 우겨대는 현상이다. 이 책은 종종 통념에 도전하기도 한다. 부디 이것을 학자의 난삽한 지식을 통한 도발이라기보다는 우리의 한계를 점검하는 일이라 여겨주기를 바란다.

책이 절판되고 나서도 이 책은 세월에 따라 숨을 거두지 않았다. 계속해서, 그리고 최근까지도 이 책을 읽고 도움을 얻었다는 소식을 직간접적으로 전해 들었다. 번역서가 있기는 하지만 내 이름을 건 첫 번째 책이라 애틋한 마음이 늘 있었다. 그러던 차에 출판사에서 이 책이 여전히 읽힐 만한 가치가 있다고 판정하면서 개정판을 내자고 제안해왔다. 참으로 고마웠다.

30대 중반 한 젊은 신약학도의 글을 읽으면서 되도록 본래 글의 맛을 살려두기로 했다. 고백하자면 지금의 내가 권위를 가진 것처럼 고치고 덧대고 싶었다. 그러나 그때의 그 모습을 기특하게 보아주기로 했다. 과거의 나와 화해하는 시간이었다. 그때의 그에게 지금의 나도 너그럽게 대해달라고 부탁했다. 거친 문장을 고치고 몇 군데를 보충했으며, 새로운 글을 추가하기도 했다. 성심껏 원고를 매만져준 편집부에, 그리고 손을 대며 꼼꼼하게 읽어주실 독자들에게 감사한다.

2025년 1월 송도 연구실에서

신약을 읽기 전에

1

신약성서 본문으로 들어가기 전에 서론 격의 내용들을 점검할 필요가 있다. 이 장에서는 이해를 추구하는 신앙의 성격, 현재의 신약성서 27권의 형성과 정경·외경·위경, 그리고 성서의 권위 등에 관한 주제들이 다루어질 것이다.

본격적으로 글을 시작하기 전에 성서와 성경의 용어에 대해서도 한마디 덧붙이려 한다. 혹자는 '성경聖經'이 '성서聖書'보다 권위 있는 책을 가리키는 데에 적합하다고 주장한다. 그러나 여러 전문가를 통해 재차 확인한 것은 동양 전통에서 경經과 서書 사이에 위계가 있지 않다는 것이다. 중국에서는 기독교의 경전을 '성경聖經'이라고 부르나, 일본에서는 그 단어는 불경佛經을 가리키기에 '성서聖書'라는 단어를 사용했다고 알려져 있다. 대한성서공회에서 택한 공식 명칭은 《성경전서》다. 줄여서 '성경'이라고도, '성서'라고도 부를 수 있다. 우리말 성경을 내는 단체명이 대한'성서'공회임도 다시 생각해볼 필요가 있다. '성경聖經'을 써야만 한다고 주장하는 분들은 〈창세기〉 말고 〈창세경〉으로, 〈로마서〉 말고 〈로마경〉으로 바꾸는 것이 괜찮은지도 한번 따져보라고 권하고 싶다.

이해를 추구하는 신앙

내가 다니면서, 여러분이 예배하는 대상들을 살펴보는 가운데, '알지 못하는 신에게'라고 새긴 제단도 보았습니다. 그러므로 나는 여러분이 알지 못하고 예배하는 그 대상을 여러분에게 알려드리겠습니다. 사도행전 17장 23절

안셀무스Anselmus Cantuariensis(1033/1034 – 1109)[1]는 일찍이 "이해를 추구하는 신앙fides quaerens intellectum"을 말하면서 신앙에서 지성의 필요성을 강조하였다. 오늘날 우리나라의 기독교는 이 명제를 되새길 필요가 있다. 일선 교회 지도자들의 신학 폄하나 불신임이 도를 지나친 경우가 있을 뿐 아니라 교회에 적대적인 신학도 한구석에 존재하기 때문이다. 이 두 극단의 경우는 건강한 교회와

신학을 형성하는 데에 걸림돌이 된다. 신학 지식을 혐오하는 일부 목회자들은 신학적 혹은 신앙적 지식을 목회자들에게 전적으로 의존하는 대부분의 '평신도'들에게 건강하지 않은 반신학적, 반기독지성적 태도를 갖게 한다. 반대로 일부 교회의 타락상을 전체 교회의 현상인 양 호도하고, 그것을 학문적 전개의 바탕으로 삼는 신학자들은 신학생들에게 기존 교회의 아름다움과 가치의 전모를 발견할 기회를 빼앗는다. 양극단의 태도는 교회나 신학의 현장 모두에 해롭다. 칸트를 빌려 말하자면, 제대로 숙고하지 않은 신학을 지닌 교회는 맹목에 빠지기 쉽고, 교회를 떠난 신학은 공허해지기 마련이다.

사도행전 17장 16~34절은 "이해를 추구하는 신앙인"이었던 바울의 이야기를 모범적으로 보여주는 본문이다. 그러나 놀랍게도 이 본문은 정반대로 해석되고 선포되었다. 곧, 이 본문은 신앙을 두고 벌이는 지적 토론의 무용성과 폐해를 주장하기 위해 심심치 않게 인용되었다. 그 주장이 펼치는 시나리오의 대강은 이러하다.

바울은 당대에 누구 못지않은 학식을 지닌 사람이다. 이 사람이 당대 최고의 학문과 문화의 도시라는 아테네에 입성하였다. 바울은 그곳에서 활개를 치던 에피쿠로스학파 및 스토

아학파 철학자들과 지적 논쟁을 통하여 그들을 굴복시키고 그리스도를 믿는 신앙을 전하려 하였다. 그러나 철학적인 논쟁, 지적인 토론으로 그들을 설득하려는 바울의 선교는 철저한 실패로 돌아가고 말았다. 이 사건을 교훈으로, 이후 바울은 그리스도를 선포했지, 어떤 지적·철학적 논쟁에 말려들려 하지 않았다. 그러니 바울과 같은 대석학도 성공하지 못한 일을 우리가 행하려 들지 말고 우리의 믿는 바를 신앙적 차원에서 선포하고, 믿음의 차원에서 선교해야 한다.

사도행전 17장 16~34절의 본문과 이후 사도행전의 기사들은 위의 시나리오를 지지하는가? 위의 추론은 그럴 듯하지만, 본문을 '천천히 정확하게' 살펴보면 위의 시나리오의 설득력은 거의 없다고 할 수 있다.

초점을 두 가지로 모아보자. 먼저 바울의 아테네 선교는 과연 '실패'였을까? 선교 실패란 바울의 다른 선교와는 달리 어떤 선교적 열매도 맺지 못한 경우를 가리킬 것이다. 그러나 사도행전 17장 34절은 바울의 아테네 선교가 일정한 성과를 내었다고 보도한다. 곧, 얼마의 사람들이 바울[의 말]을 믿었고, 그들은 바울의 편이 되었다.

사도행전 기자는 믿음을 받아들인 아테네인들 중에 특기할 만한 사람이 있었다는 것도 알려준다. 그중 한 명이 아레오바고 법정에서 공적인 직책을 담당하던 디오누시오였고, 다른 한 명은 다마리라는, 아마도 상당한 영향력을 발휘했을 여성이었다. 사도행전은 그 외에도 다른 사람들 역시 믿음을 받아들였다고 보도한다. 17장 34절은 바울의 아테네 선교가 다른 선교의 결과와 유사하게(예를 들어, 17:1-9의 데살로니가 선교처럼) 반대와 박해가 있었지만 일정한 성과가 있었음을 분명하게 보여준다. 요컨대, 바울이 이른바 '철학적, 학문적으로 선교한' 아테네 선교는 결코 실패하지 않았다.

둘째, 바울은 아테네 선교가 주는 교훈을 깨닫고는 이후로 선교를 위해 학문적이고 철학적인 논쟁을 벌이지 않았는가? 아테네 선교가 끝나고 바울은 바로 고린도로 가서 전도 활동을 재개한다. 그곳에서 바울은 어떻게 자신의 믿음을 전파하였는가? 사도행전 18장 4절은 바울이 전도한 방식을 보도하는데, 이 구절은 다음과 같이 번역될 수 있다.

바울은 안식일마다 회당에서 토론했고dielegeto [2], 유대인들과 헬라인들을 설득하였다epeithen(저자 사역).

그 구절이 명백히 알려주듯이 바울은 전도를 위해 유

대인 및 헬라인과 '토론'하고, 그들을 '설득'했다. '토론하다'로 번역한 '디알레고마이dialegomai'는 재미있게도 17장 전에는 등장하지 않다가, 아테네 선교를 기점으로 바울의 선교활동을 묘사하기 위해 빈번히 사용된다(17:17; 18:4, 19; 19:8, 9; 20:7, 9; 24:25). 이 결과를 놓고 보면, 바울이 아테네 선교 이후로 전도에서 토론이 얼마나 효과적인지를 도리어 깨달은 것이 된다.

위에서 짚어보았듯이, 바울은 토론하고 논증하고 설득하는 것을 중요하게 여기는 "이해를 추구하는 신앙인"이었다. 그는 사람들의 영혼에 호소하였을 뿐 아니라 그들의 이성적 동의를 구하는 데 게으르지 않았다. 우리가 살펴본 사도행전 17장 16~34절은 바울이 펼친 논증의 일단을 알 수 있는 드문 본문이기도 하다. 이 본문에서 바울은 헬라 시인의 말을 인용하기도 하고, 아테네 판테온(만신전)의 '알지 못하는 신'의 존재를 알려주겠다는 종교학적 언설을 펴기도 한다. 또 유대교 경전, 곧 구약성서의 하나님 개념을 논증을 위해 사용한다. 다시 말해 바울은 헬라 철학과 종교부터 유대교 경전의 중요 개념까지 그의 전천후 지식을 펼쳐 보이고 있다.

성서의 주요 인물들은 논증하고, 토론하고, 정당화하는 지적 작업 속에서 그들 신앙의 정체를 발견했고, 심화하여갔다. 이 과정에서 그들은 자신들의 작업이 전적으로 신앙에 의한, 신앙을 위한, 신앙의 작업임을 잊지 않았다.

정경, 외경, 위경

우리 가운데서 일어난 일들에 대하여 차례대로 이야기를 엮어내려고 손을 댄 사람이 많이 있었습니다. 그들은 이것을 처음부터 말씀의 목격자요 전파자가 된 이들이 우리에게 전하여준 대로 엮어냈습니다. 누가복음서 1장 1–2절

가톨릭교회와 개신교회는 서로 다른 구약성서를 가지고 있다. 가톨릭은 토비트서, 유딧서, 마카베오서, 솔로몬의 지혜서, 시락서, 바룩서 등의 (개신교에 따르면) '외경apocrypha'[3]을 '정경canon'[4]으로 받아들였으나, 개신교회는 그런 작품들을 신앙에는 유익하다 하여 읽기를 권장하지만 정경으로는 수용하지 않는다. 한편 두 기독교 교파 모두 동일한 신약성서를 가지고 있다. 이처럼 기독교라는

테두리 내에서도 교파에 따라 다른 정경을 가지고 있는 것은 이른바 '정경화 작업'의 결과다.[5] 그렇다면 이런 정경화 작업은 어떤 연유에서 일어난 것일까?

1세기 이후 예수를 따르던 공동체들은 예수와 그를 믿는 신앙과 관계된 여러 문서를 가지고 있었다. 오늘 인용한 누가복음서의 말씀은 이 점을 확인해준다. 누가복음서와 사도행전, 흔히 줄여서 '누가-행전'이라고 부르는 책이 저작된 시점은 대략 기원후 80~90년 사이로 추정된다.[6] 예수 사후 불과 1세기가 되기 전에, 누가복음서와 사도행전의 기자는 예수 및 그와 관련하여 일어났던 일에 관한 여러 문헌을 발견할 수 있었다.

다양하고 풍부한 문헌들이 유포되면서 지역의 교회들은 혼란에 빠질 수밖에 없었다.[7] 문헌들은 저마다 정통성을 주장했지만, 그들이 그리고 있는 예수상은 문서에 따라 확연히 달랐기 때문이다. 이런 상황에서 교회들은 신앙을 위한 준거 문서들을 다른 유사 문서들과 구분해야만 했다. 이와 같이 신앙의 초석을 놓을 정경과 그렇지 않은 문서들을 구분하여, 정경을 체계화하는 것이 '정경화 작업'이었다.

흥미로운 것은 이후 '정통'에 의해 '이단'으로 판정받은 마르키온Marcion(주후 약 160년경 사망)으로부터 정경화 작업의 결정적인 촉매가 나왔다는 점이다. 마르키온은 현재 튀르키예 지역 흑해 연안의 시노페에서 태어났다. 그는 자신의 신앙 이해를 굽히지 않고 교회 지도자의 권위를 경멸한다는 이유로 마침내 그 지역 교회 지도자(주교 정도의 위치로 추정)로부터 출교를 당했다. 그 지도자는 다름 아닌 마르키온의 아버지였다. 아버지에 의해 출교를 당했지만 그는 결코 굴하지 않고 로마에 정착해 추종자들을 모았다. 그는 구약의 하나님, 곧 히브리인들의 하나님과 신약의 하나님은 전적으로 다른 하나님이라고 가르쳤다. 히브리인의 하나님은 폭력적이고 열등한 신인 데미우르고스인 반면에 신약의 하나님은 사랑이 넘치는 참 하나님이라고 구분한 것이다. 그는 매우 금욕적이었을 뿐 아니라 많은 제자를 모을 정도로 매력적인 인품을 가지고 있었다. 바로 그가 신앙을 위해 구약은 '당연히' 제외하고 자신이 변경한 누가복음서와 몇 편의 바울 서신을 가지고 '정경'을 구성하였다. 마르키온의 정경화 작업으로 인해 그를 이단으로 정죄한 다른 주류 교회들은 마르키온에 대항할 정경을 가져야 한다고 생각했다.[8]

이후 이른바 주류 교회들은 어려운 과정을 거쳐 신약의 경우 27권의 정경을 확정하였다. 이것은 심대한 의미를 갖는데, 일반적으로 기독교 특히 개신교의 신앙은 정경에 기초하여 해명되고 발전되었기 때문이다. 신학 연구에도 정경은 언제나 우선권을 가졌다. 정경을 택할 때는 흔히 그 문서를 사도 혹은 그와 직접 관련이 있는 인물이 썼는지를 따지는 사도성, 그 문서가 널리 수용되는 교회의 신앙과 일치하는가를 묻는 정통성, 여러 지역 여러 교회에서 폭넓게 읽히는가 하는 수용성 등의 기준이 적용되었다고 알려져 있다. 그러나 꼼꼼하게 살피면 꼭 그런 것만도 아니다.[9] 여하튼 신약성서의 정경화는 이루어졌고, 그것은 교회사 내내 권위를 가졌다. 물론 이 정경화 결과가 언제나 모두에게 환영받은 것만은 아니다. 일례로 종교개혁가 루터는 정경 속에 야고보서가 포함되었다는 점을 매우 못마땅하게 여겼다. 루터는 야고보서를 '지푸라기 서신'으로 부르며 그 정경성을 깎아내렸다. 하지만 그는 기존의 신약 정경에서 그것을 빼고 새로운 신약 정경을 만들려고 시도하지는 않았다. 현대에 와서도 정경화 작업 결과에 대한 거친 도전은 그치지 않았다. 대중매체를 적극 활용하여 '역사적 예수 연구'를 자극적으로 진행했던 예수 세미나Jesus seminar는 이른바 '정경으로만' 예수와 기독교사를 조망하려는 시도를 '정경제국주의'라 부르며 경계한다. 그 비판이 완전히 잘못된 것만은 아니다.

종교개혁가들은 비록 정경 안에 들지 않더라도 외경이 신앙에 끼치는 유익한 측면을 높이 평가하여 외경을 없애려고 하지 않았다. 이제는 이른바 초대교회에 떠돌던 위경pseudepigrapha[10]도 기독교 신앙의 다양한 전개를 살펴보기 위해, 또 신앙적 상상력의 계발을 위해 한 번쯤 읽어봐도 좋다고 말할 수 있는 신앙 풍토가 되었으면 한다.

　위경들은 신앙적 궁금증과 호기심을 불러일으키고, 신앙적 상상력에 도움을 주는 여러 정보를 갖고 있다. 일례로, 사람들 사이에 예수의 어린 시절에 대한 궁금증은 끊이지 않았다. 어떤 이들은 예수가 이집트나 인도에 가서 마술이나 불교를 배워왔다고 주장한다. 소년 예수에 관심이 있는 사람들은 〈야고보의 원복음서〉에서 그 궁금증의 일단을 채울 수 있다. 예수의 수난에 대한 신앙적 상상은 초기부터 있었는데, 이를 담은 대표적인 문헌은 〈베드로의 복음서〉다. 예수의 번뜩이는 경구를 통해 영혼의 각성을 받고자 하는 사람들에게는 〈도마복음서〉를 추천한다. 요한복음서의 문답도 그러하지만, 〈도마복음서〉에 소개된 예수와 제자들 사이에 이루어지는 문답은 불교의 선문답과 장르적 유사성을 띤다. 기독교사를 이루어가는 한 축이면서도, 그동안 묻혀왔던 여성들의 목소리를 듣고자 한다면 〈마리아의 복음서〉가 도움이 된다. 그 복음서에 따르면 베드로가 아니라 마리아가 으뜸 제자이다. 신앙의 유익과 상상력을 위해 외경과 위경을 마냥 터부시할 필요는 없다. 사회와 경제 영역뿐 아니라 신학과 신앙에도 상상력의 중요성이 날로 더 중요해지는 이 시대에 우리에게 전해진 귀중한 자산을 소홀히 할 이유가 없다.

신약성서 27권은 어느 날 하늘에서 '성서'로 뚝 떨어지지 않았다. 그 27권은 교회가 1~2세기의 많은 문헌 가운데 선택한, 이른바 '인간적인, 너무나 인간적인 작품'이기도 하다. 이해를 추구하는 신앙은 역사적 사실을 외면하지도, 그 역사적 사실의 중요성을 약화하지도 않는다. 이해를 추구하는 신앙은 정경화 작업 역시 '하나님은 불완전한 인간을 통해 역사하신다'라는 신앙의 전망에서 바라볼 수 있다.

성서의 권위

그대는 어려서부터 성경을 알고 있습니다. 성경은 그리스도 예수를 믿는 믿음으로 말미암아 그대에게 구원에 이르는 지혜를 줄 수 있습니다. 모든 성경은 하나님의 영감으로 된 것으로서 교훈과 책망과 바르게 함과 의로 교육하기에 유익합니다. 성경은 하나님의 사람을 유능하게 하고, 그에게 온갖 선한 일을 할 수 있게 하는 것입니다. 디모데후서 3장 15-17절

기독교인임을 자처하는 사람 중에 성서를 존중하지 않는 사람은 거의 없다. 간혹 '기독교는 책의 종교'라는 이야기를 들을 정도이다. 기독교인은 성서에 따라 자신의 삶과 생각을 형성하려 한다. 성서에 자신을 비추어, 그 말씀에 자신의 모습을 맞추는 것이다. 한마디로 기독교인

들은 성서의 권위를 인정한다.

그러나 일부 신앙인은 종종 성서 그 자신의 증언에서 벗어난 곳에서 성서의 권위를 구하고, 성서의 권위의 범위를 잘못 설정했다. 성서의 권위를 적절하지 않은 곳에서 구하고, 성서의 권위를 불필요한 곳에 적용함으로써 성서는 오용되거나 불필요한 '결백 요구'에 시달려야 했다. 성서의 권위가 확립되고 제대로 기능하기 위해서는 성서의 권위에 대한 성찰과 합당한 이해가 우선되어야 한다. 이 글에서는 성서의 권위와 관련된 두 가지 오해를 지적하고, 성서의 권위에 대해 살피고자 한다.

성서의 권위와 문자적 무오류

성서는 불가사의한 힘을 가지고 있다. 얼마나 많은 사람들이 성서에서 생명을 발견하고, 진리에 환호하며, 은혜와 사랑에 감복했던가! 그래서 그리스도인들은 성서가 단지 인간이 기록한 책이 아니라 하나님의 영에 감동된 것이라고 고백하기 시작했다.[11] 실로 성서에 쓰인 단어가 성서만의 것은 아니지만, 우리는 성서를 읽을 때 성서를 통해 역사하는 알 수 없는 영을 느낀다. 이러한 성서의 놀라운 능력에 감복한 일부 사람들은 성서가 문자 하나에도 전혀 오류가 없는 하나님의 완결품이라고 생각하게 되었다. 이른바 '축자영감설'이다. 이들은 축자영감설이 성서의 권위를 보다 돋보이게 하는 일이라고 여겼다. 그러나 이러한 종류의 권위는 성서 자체가 요구한 것도 아니었으며, 오히려 성서의 참다운 권위를 훼손시킨다.

신약성서의 경우 현재 우리에게 남아 있는 원본이 없다는 것이 성서의 문자적 완전무결성 주장에 걸림돌이 된다. 현재 세계에서 가장 권위를 인정받는 네스틀레-알란트 그리스어 성서는 각종 사본들을 모아 가장 신뢰할 만한 본문을 '학자들이' 재구성한 것이다. 가령 특정한 한 구절은 A라는 사본이 더 신뢰할 만하고, 그다음 구절은 B라는 사본이 더 믿을 만한 사본이라 하여 이를 한데 모아 학자들이 구성한 것이 현재 우리가 가지고 있는 성서이다. 한 구절이라도 담은 파피루스 사본을 포함하여 우리에게 남아 있는 그리스어 신약성서 5,700여[12] 개의 사본이 서로 완전하게 일치하지는 않는다! 이러한 상황에서 학자들은 한 구절을 담은 작은 사본부터 신약을 전부 다 담고 있는 사본에 이르기까지, 그것들을 꼼꼼히 비교하며 가장 그럴듯한 본문을 만든다. 따라서 비록 원본은 완전무결할지 모르지만, 현재 우리는 사람들이 재구성해

놓은 사본의 집합물을 가지고 있을 뿐이다.

성서의 여러 사본에 관한 연구를 통해 보다 나은 본문을 이루려는 노력을 '본문 비평'이라고 부르는데, 우리가 가지고 있는 신약성서는 본문 비평 학자들의 노력 끝에 태어난 작품이다. 정경화 작업이 여러 문서 중에 정경과 외경, 그리고 위경을 나누는 작업이었다면, 본문 비평이라고 부르는 이 노력은 정경 그 자체의 본문을 구성하는 근본적 사업인 셈이다.

평신도들도 본문 비평의 흔적이 여실히 드러난 곳을 우리말 신약성서에서 바로 찾아볼 수 있다. 마태복음서 17장 20절을 보라. 그 구절 다음에는 21절이 나오고, 이어 22절이 나온다. 그런데 21절은 '(없음)'이라는 표시만 있고, 어떤 내용도 소개되어 있지 않다. 대신 각주에 "다른 고대 사본들에는 '21. 그러나 이런 종류는 기도와 금식을 하지 않고는 나가지 않는다'가 첨가되어 있음"이라는 문구가 있다. "21 (없음)"은 도대체 어떻게 된 것일까? 오늘날 우리가 사용하는 장절은 르네상스 이후에 붙여진 것이고, 그때 처음 장절을 붙인 사람이 사용한 성서 본문 중에서 신뢰하지 못할 구절을 학자들이 이후에 삭제했다. 이때 후대 학자들은 새로이 장절을 매기기보다는 이전의 본문에서 그 구절을 삭제하고, 그 구절이 '없다'고

표시하였다.[13] 앞으로 새로운 사본, 그것도 높은 가치를 지닌 사본이 고고학자들의 손에 의해 발굴된다면 성서는 또 '변경'될 것이다.

따라서 우리가 성서의 권위를 말할 때는 성서의 문자적 무오류성에 근거해서 권위를 세우려 해서는 안 된다. 원본 자체가 무오류라고 주장할 수는 있다. 하지만 원본이 우리에게 남아 있지 않기 때문에, 그것은 우리가 한 번도 보지 못한 본문에 대해서 논하는 것일 따름이다. 우리는 성서의 권위와 무흠성을 문자적 무오류를 통해 강화하고자 해서는 안 된다.[14]

성서의 권위와 그 범위

덴마크의 철학자 키르케고르Søren Kierkegaard가 전해준 이야기가 있다. 유럽 도시들은 묘지를 마을이나 교회 내에 두었는데, 당시 덴마크 정부가 여러 가지 이유로 묘지를 동네에서 조금 떨어진 곳에 두기로 방침을 정했다. 그리고 얼마 후 그가 다니는 교회의 목회자가 주일 예배에서 이 시책을 지지하는 설교를 했다. 목사가 인용한 본문은 요한복음서 11장의 나사로 이야기였는데, 설교의 요지는 성서는 사람들의 거주지에서 떨어진 곳에 묘지를 세우기로 한 정부의 시책을 지지한다는 것이다. 이 설교에 충격을 받았던 것일까? 키르케고르는 그의 대표작 중 하나인《죽음에 이르는 병》을 나사로 이야기로부터 시작했다.[15]

그 목회자가 범한 실수는 성서의 권위를 성서가 원하는 권위 범위 밖에 적용한 것이다. 성서의 권위의 적용 범위를 혼동하는 현상은 비단 키르케고르 시대만의 일이 아니다. 오늘날 평신도뿐 아니라 일부 전문적인 신학자들도 성서의 권위 범위를 부적절하게 설정하는 경우가 있다. 최근에 성서의 권위를 적절히 사용하지 않은 대표적인 경우가 성서를 통해 자연과학 이론을 전개하려는 움직임이다. 성서는 자연에 대해, 또 이 세상에 대해 말하지만, 현대의 자연과학적 입장을 보충하거나 혹은 반대할 수 있는 근거를 제공하지 않는다. 말놀이 같지만, 성서는 하나님의 천지창조를 선포하지만, 자연과학적인 창조론을 주장하고 있지 않다.[16]

물론, 성서가 자연과학의 이론을 지지하거나 반대하는 논거가 될 수 없다는 주장은 이른바 신학적 가현설假現說, docetism[17]을 뜻하지는 않는다. 곧 성서에 근거한 우리의 믿음이 이 세상이나 현실과는 아무런 상관이 없이 소위 영적인 것만을 대상으로 한다는 말이 아니다. 다만, 성서의 말씀이 자연과학적인 발견과 일치한다거나, 자연과학적 상상력에 커다란 도움을 준다는 사실 자체가 성서의 권위를 확인해줄 수 없다는 것이다. 요컨대, 성서의 권위가 참답게 발휘되어야 하는 장場은 자연과학 분야가 아니다.

이런 예를 들면 이 글의 요점이 더 선명하게 드러날지도 모른다. 누군가 시력이 5.0을 넘는다고 하자. 시력 2.0 이상을 재지 않는 우리에게 그의 시력은 그야말로 엄청나다고밖에 할 수 없다. 그러나 시력이 좋은 그가 우리보다 시각적 미감美感이 뛰어나다고는 말할 수 없다. 다른 한편, 초고성능 망원경을 작게 하여 눈에 달고 있는 사람이 있다고 치자. 그러나 제아무리 눈으로 몇 광년 밖에 있는 별을 보는 그 사람이라도, 코 앞에서 나는 된장찌개 냄새를 그 눈이 맡을 수는 없다. 눈은 보는 것이지 냄새를 맡는 기관이 아니기 때문이다. 또 이런 예는 어떨까. 앞에 있는 컴퓨터 프로그램을 작동하는 데에 궁금증이 생겼다. 그러면 어떻게 해야 하는가? 성서를 아무리 뒤져도 그에 대한 해답이 있을 수 없다. 그 프로그램에 관한 프로그램 설명서의 권위는 성서의 권위보다 낫다. 아니, 더 정확하게 말하자면 그 프로그램의 운용을 두고 성서의 권위를 들먹이는 것 자체가 잘못되었다.

성서가 특정한 과학 이론과 일치한다고 해서 성서의 권위를 일반인에게, 그리고 신앙인에게 내세우는 일은 적절하지 않다. 성서의 권위를 이렇게 확보하는 일은 불필요할 뿐만 아니라 위험하기까지 하다. 만약 이렇게 될 경우, 지금까지 성서의 진술을 지지하는 것으로 알았던 과학적 발견이 잘못된 것으로 판명된다면 성서의 권위는 어떻게 될 것인가? 최신 과학 이론이 성서의 진술과 일치한다고 크게 떠들다가, 몇 달 후 새로운 이론이 이전의 이론을 대체하게 될 경우 성서는 낡은 이론과 함께 폐기처분되어야 하는가? 이는 성서가 천동설을 지지한다고 외치면서 갈릴레이와 그의 지동설을 종교적 이유로 박해하던 중세 가톨릭 교회의 잘못된 역사를 반복하는 일이 된다.

성서의 권위, 만남으로서의 진리

성서의 '권위'라고 할 때, 우리는 권위의 본래적 성격을 다시 기억해야 한다. 모든 권위는 독립적으로 존재할 수 없다. 권위는 항상 권위의 행사 대상이 되는 존재를 필요로 하며, 피권위 대상이 있는 경우에만 의미 있게 존재한다. 권위의 행사 대상이 없는 권위자는 생텍쥐페리의《어린 왕자》에 나오는 우스꽝스러운 왕과 다를 바 없다. 그 왕은 항상 명령하지만, 그 명령을 받을 신하가 없다. 복종할 신하가 없는 왕처럼 무의미한 존재가 또 있을까.

일찍이 막스 베버는 권위의 출처를 세 가지로 분류했다. 첫째, 전통적 권위는 관습과 전통에 기반한 권위로, 세습되거나 관습적으로 인정된 지위에서 비롯된다. 왕정 체제에서 동생이나 자식에게 지위를 물려주는 것을 떠올릴 수 있다. 둘째, 법률적 권위는 법과 규칙에 기반한 권위로, 이것은 합리성과 법적 절차를 통해 정당성을 확보한다. 가령 판사는 지혜와 공정이 뛰어난 자연인으로서가 아니라 법적 절차에 따라 법을 해석하고 판결하는 권위를 얻는다. 마지막으로 카리스마적 권위가 있다. 카리스마적 권위는 어떤 개인의 비범한 자질이나 능력에서 비롯된 권위다. 추종자들은 카리스마적 권위자를 특별하고 초인적인 존재로 칭송하며 그를 따른다. 세 권위 모두 권위 행사 대상의 동의와 자발성에 의해 적절하게 행사될 수 있다. 성서의 권위를 말할 때도 마찬가지이다. 성서의 권위는 그 권위의 대상이 있어야만 가능하다. 그리고 권위는 권위의 행사 대상의 자발성 혹은 동의하에 의미 있게 움직이기 시작한다. 그렇다면 우리는 성서의 권위를 '만남을 통해 발생하는 사건으로서의 권위'라고 말할 수 있다.

말이 좀 어려운 것 같지만, 결국 성서의 권위란 객관적으로 혹은 독립적으로 존재하는 그 무엇이 아니다. 성서의 권위는 성서가 하나님의 영감으로 기록되었다는 고백이 내적인 자발성에서 비롯될 때, 또 성서의 문자가 하나님의 말씀으로 내 삶의 시비是非를 가려줄 때, 그 말씀에 따라 살면서 기쁨을 느끼게 될 때 일어나는 하나의 사건이다. 곧 성서는 누구에게나 보편적으로 독자의 바깥에 독립된 권위를 가지고 있는 게 아니다. 성서의 권위는 삶에서 일어나는 사건이며, 성서가 권위를 갖는 것이 아니라 하나님이 성서를 통해 내 삶에서 권위를 가지신다. 다시 말해 성서의 권위는 하나님이 성서의 말씀을 통해 우리에게 일으키는 권위의 사건이다. 이렇게 이해할 때 성서는 '하나님의 말씀 사건'으로서 권위를 갖게 된다.

말을 보태보자. 흔히 '책의 종교'로 불리는 유대교, 기독교, 이슬람교보다 외면적으로 가장 책의 권위를 높이는 종교로 시크교를 꼽을 수 있다.《구루 그란트 사히브 Guru Granth Sahib》로 불리는 이 경전은 책만 아니라 영원한 구루 곧 영원한 영적 스승이기도 하다. 시크교 사원인 구르드와라에 보관되어 있고 매우 신성하고 조심스럽게 다뤄진다. 시크교도들은 스승으로 생각하는 이 책 앞에서 절을 하며 경의의 자세를 보인다. 시크교의 제10대 구루가 최종 편집을 마친 후에 인간이 아니라 이 경전 자체를 자신의 후계자로 임명한 것이다. 그야말로 책을 인격화한 상태다.

이 글 처음에 인용한 디모데후서는 그 말씀 사건이 "교훈과 책망과 바르게 함과 의로 교육하게 하며" 그 사건 가운데 "하나님의 사람을 유능하게 하고, 그에게 온갖 선한 일을 할 수 있게 한다"고 알려준다. 또한 성서는 "그리스도 예수를 믿는 믿음으로 말미암아 그대에게 구원에 이르는 지혜를 줄 수 있을 것"이라고 말한다. 물론 디모데후서가 말하는 성서는 히브리 성서이다. 그곳에는 예수가 그리스도요, 그를 믿음으로 구원을 얻게 된다는 구체적인 구절은 없다. 그러나 디모데후서의 저자는 "하나님의 계시로 이루어진 그 책"에서 예수가 그리스도라는 믿음을 통하여 "지혜"를 얻었다고 말한다.

기독교인들이 고백하는 궁극적인 권위는 하나님의 권위, 곧 성서를 통하여 역사하는 하나님의 권위임을 재삼 강조할 필요가 있다. 하나님은 그분 혼자 권위자로 존재하지 않고, 기록된 말씀을 통하여 인간들을 권위 있는 말씀 사건의 동참자로 부르신다.

언어와 지리

2

신약성서는 1세기 지중해 세계에서 그 시대 말인 코이네 헬라어로 기록되었다. 따라서 21세기 한국에 사는 우리가 신약성서를 오해하는 것은 자연스럽다. 도리어 그것을 이해한다는 것이 기적에 가깝다. 21세기 한국과 1세기 지중해 세계 사이에 놓인 가장 큰 간극 중 하나가 말과 땅이 아닐까 한다. 이 장에서는 신약성서의 언어와 지리에 관한 흔한 오해를 지적한다. 이곳의 글들은 성서의 언어와 지리에 대한 계속적인 관심을 촉구하는 데에 목적이 있다.

사울과 바울

> 그래서 바울이라고도 하는 사울이 성령으로 충만하여 마술
> 사를 노려보고 말하였다. 사도행전 13장 9절

우리는 흔히 설교나 성서 공부 때에 "사울이 변하여 바
울이 되었다"는 말을 듣는다. 이 말은 박해자 사울이 이
방인의 사도 바울로 급격하게 변했다는 뜻을 담고 있다.
또 일반적으로 교회에서는 한 사람이 극적인 변화를 맞
았다는 것을 표현할 때 일종의 관용어처럼 사용하기도
한다. 그러나 정말 '사울'이 변하여 '바울'이 되었을까?
유대교에 있을 때 박해자요 온갖 악독이 가득한 사울은
예수 그리스도를 만난 후 자신의 이름을 '바울'로 개명
하고 선교를 위해 목숨을 아끼지 않는 위대한 사도가 된

것일까? 거만하고 잔혹했던 '사울'은 '작은 자'를 뜻하는 '바울'로 자신의 이름을 겸손하게 바꾼 것일까?

21세기 지구촌 시대에 우리들은 종종 우리말 이름 외에 외국식 이름을 사용한다. 특히 외국에서 태어난 사람은 그 나라식 이름을 하나 갖고 우리말 이름을 따로 갖는 경우를 흔히 볼 수 있는데, 바울의 경우도 바로 그러했다. 사도행전 보도에 따르면 바울은 다소Tarsus 출신이었다. 다소는 당시 아테네에 버금가는 교육과 문화의 도시였다. 로마 통치기에는 웅변가요 정치가로 알려진 키케로Cicero가 총독으로 임명된 곳이기도 하다. 이곳에 사는 유대인들, 흔히 '흩어진 유대인'을 뜻하는 디아스포라diaspora들은 히브리식 이름 외에도 로마식 혹은 헬라식 이름을 가지고 있는 경우가 많았다. '사울'과 '바울' 역시 그러한 관례를 배경으로 보는 것이 적절하다. 사도행전 13장 9절에도 나와 있듯이 '사울'은 히브리식 이름이고, '파울루스'를 우리말로 표기한 '바울'은 로마식 이름이다. 이 둘은 한 사람을 가리키는 두 개의 이름일 뿐이지 거기에는 어떤 선후 관계나 가치 평가가 들어 있지 않다. 흔히 전향 전에는 '사울'이었다가 전향 후에는 '바울'로만 불린 것으로 알려져 있는데 이것 역시 사실과 맞지 않는다. 회심 후에도 사울은 '바울'이라고만 배타적으로 불리

지 않고 '사울'로도 불린다. 다시 말해 '사울' 및 '바울'이라
는 이름은 그의 회심 및 종교와는 아무런 관계도 없는 것
이다. 다만 당시 그레코-로마인들에게 더 익숙했을 '바울'
이라는 이름을 사울/바울 자신이 주로 사용했을 뿐이다.

그렇다면 어떻게 "사울이 변하여 바울이 되었다"는 말
이 회자될 수 있었을까? 이것은 아마도 세례명(영세명)과
관련되어 있는 듯하다. 기독교를 믿고 그 징표로 세례를
받게 될 때 가톨릭 등에서는 세속적인 이름과 구별된, 성
서의 인물이나 성인들의 이름을 딴 새로운 이름을 받게
된다. 사람들은 사울/바울의 이름도 이와 같은 방식으로
이해하기를 원했던 것 같다. 이런 식의 이해는 우리나라
에서 생긴 것은 아니고 기독교를 일찍이 자신들의 국교
로 삼았던 나라들(예를 들자면, 독일)에서 발생한 것인데, 이
러한 오해가 우리나라에 수입되었다.

'바울'이라는 이름은 실상 온전한 이름이 아니다. 오늘
날까지 서구에 영향을 준 일반적인 로마식 이름은 크게
세 부분으로 구성되어 있는데, 곧 자신에게 지어진 이름
인 'praenomen'(영어식으로는 the given name), 한 가문의 최
초 창시자의 이름인 'nomen', 그리고 성姓에 해당하는
'cognomen'(the family name)이다. 바울과 같은 비非로마인
이 로마 시민권을 얻고 새 이름을 얻게 된 경우에는 그

전 이름을 'cognomen'에 갖다 쓰고, 처음의 두 이름은 그에게 시민권을 얻게 한 로마인 후원자의 이름을 그대로 가져다 쓰게 된다. 예를 들면, 마르쿠스 툴리우스 키케로 Marcus Tullius Cicero의 종 티로Tiro는 자유민이 된 후에 마르쿠스 툴리우스 티로라는 이름을 얻게 되었다. 바울의 처음 두 개의 이름이 무엇인가 하는 의문을 풀기 위해 기발하고 흥미로운 여러 시도가 있었다. 그러나 사도 바울의 전체 이름이 무엇인지는 여전히 베일에 가려 있다. 마치 그의 생애와 신학이 우리 전면에 쉽게 나타나기를 꺼리는 것처럼 말이다.

말과 지혜의 아름다움으로
전하는 십자가

그리스도께서는 세례를 주라고 나를 보내신 것이 아니라, 복음을 전하라고 보내셨습니다. 복음을 전하되, 말의 지혜로 하지 않게 하셨습니다. 그것은 그리스도의 십자가가 헛되이 되지 않게 하시려는 것입니다. 고린도전서 1장 17절

바울이 고린도 교회를 떠난 후에 아폴로(아볼로)(1:12)라는 이름을 가진 사람이 고린도 교회에서 많은 영향력을 발휘했던 것 같다. 고린도 교회에서 적지 않은 추종자를 가지고 있었던 아폴로는 사도행전 18장 24절에서 소개된 아폴로와 동일 인물일 가능성이 높은데, 사도행전의 보도에 따르면 그는 알렉산드리아 출신으로 구변이 뛰어나고 (히브리) 성서에 정통한 사람이었다. 여기서 "알렉산드

리아 태생"이라는 소개는 단지 그의 출생지를 알려주기 위함이 아니라, 알렉산드리아라는 도시가 지적 분위기의 아폴로에게 그 영민함의 후광aura를 더했기 때문에 등장한 것이다. 알렉산드리아는 당시 지중해 세계에서 둘째를 마다하는 학문의 도시였다. 당시 지중해 세계에서 가장 큰 알렉산드리아의 도서관은 각처의 학자들을 끌어모았다. 고린도 교회에서 아폴로의 장악력이 바울의 것과 비등할지 모른다는 추정은 고린도전서 3장 6절, "나는 [씨를] 심고, 아볼로는 물을 주었습니다. 그러나 하나님께서 자라게 하셨습니다" 등지에서 찾아볼 수 있다. 오늘날도 고린도 교회의 입구에는 88대에 걸친 목회자 명단이 부착되어 있는데 초대 목회자를 바울로, 그리고 2대를 아폴로로 기록한다.

아폴로가 고린도 교인들을 매료한 가장 큰 요인은 바울이 은연중에 비판하고 있는 대로 "훌륭한 말이나 지혜"(문자적인 번역을 하자면, 말 혹은 지혜의 탁월함, 2:1)였다. 바울에 따르면 고린도 교인들은 아폴로의 수사학적 능력에 매혹되었다. 바울은 이러한 현상을 두고 고린도전서 전반에 걸쳐(1:5, 17, 19-27; 2:1, 4-7; 4:10 등) 이른바 '지혜'와 말의 아름다움을 경계하고, 때로 비꼬고 야유했다. 그러면서 자신은 말재주나, 지혜 및 말의 아름다움, 그리고 지혜롭고 설득력 있는 언변을 구사하지 않는다고 선언한다. 오히려 그러한 것들은 복음을 훼방하고, 고린도 교인들의 믿음을 하나님의 능력에 두는 것을 방해한다고 말한다. 이러한 바울의 말을 곧이곧대로 받아들이는 현대의 많은 독자들은 아폴로가 구사했다는 수사학에는 경멸의 눈길을, 바울이 구사했다고 생각하는 거친 말투, 그러나 진실이 담긴 것 같은 말투에는 찬사를 보낸다. 그런데 바로 이러한 바울의 어법이 전형적인 수사학이라면 조금 얄궂다고 할까? 자신의 경쟁자가 훌륭하게 수사학적이라고 경멸하는 혹은 치켜세우는 바울의 말투는 전형적인 당대 수사학을 닮아 있다. 당대의 수사학자들은 논쟁할 때, 상대방은 말을 잘하는 훌륭한 언변가인 반면 자신은 어눌하기 그지없고 지금 제대로 서 있을 수조차 없을 정도로 떨린다고 청중에게 말하라고 가르친다.

수사학적으로 고린도전서를 연구하는 학자들은 바울이 말과 지혜의 아름다움을 비판하는 내용의 1~4장에 바울의 수사학이 유감없이 드러나 있다고 찬사를 보낸다. 다시 말해, 바울은 "말과 지혜의 아름다움으로" 자신이 이해한 "그리스도의 십자가"를 전하고 있는 것이다. 물론 이 대목에서 바울에게 배신감을 느끼는 일은 또 한번 그의 수사학을 제대로 평가해주지 못하는 처사가 될 것이다. 당대의 수사학은 거짓말이 아니라 상대방을 효과적으로 설득하는 기술이었다.

복음 전파를 위해서, 그것도 자신이 이해한 올바른 복음 선포를 위해 바울이 동원하지 못할 것이 무엇이었겠는가? 바울의 수사학이 당대 수사학자들만큼 정교한 것은 아니라 할지라도, 바울은 "헬라어를 배운다"가 곧 "수사학을 배운다"를 의미할 만큼 수사학이 전성인 시대에 살았던 인물이었다. 복음을 전하는 바울의 말과 글은 수사학의 강을 건너야만 당시 청중들에게 가닿을 수 있었다.

아시아와 소아시아

아시아에서 말씀을 전하는 것을 성령이 막으시므로, 그들은 브루기아와 갈라디아 지방을 거쳐가서, 무시아 가까이 이르러서, 비두니아로 들어가려고 하였으나, 예수의 영이 그것을 허락하지 않으셨다. 그래서 그들은 무시아를 지나서 드로아에 이르렀다. 사도행전 16장 6-8절

지나치게 형식적인 예배에 새로운 변화를 주고자 하여 젊은 신앙인들 가운데 적지 않은 영향력을 지닌 한 설교자의 설교를 듣다가 깜짝 놀라게 되었다. 그 목사는 사도 바울의 선교 여행을 소개하면서 다음과 같은 요지로 말씀을 전했다.

사도 바울이 선교 여행을 할 때에 성령께서 아시아로 들어가고자 하는 바울을 막으셨다. 그 이유를 많은 선교학자들이 다음과 같이 추정한다. 당시 아시아에는 불교, 힌두교, 도교, 유교 등의 종교가 너무 거세서 그곳에 복음이 들어가면 복음이 변질될 가능성이 농후했다. 따라서 성령께서는 막 피어나는 복음의 변질을 막으려고 바울의 아시아 선교를 막으셨다.

위에서 열거한 제 종교들이 성행한 아시아는 인도 및 주변 나라들과 동아시아이다. 그러나 사도행전 16장에 나온 아시아는 현재의 동남아시아나 동아시아가 아니다. 사도행전 16장에 나오는 아시아는 현재 튀르키예의 영토로 지금은 '소아시아' 지역으로도 불리는데, 그곳에는 우리가 익히 들어왔던 도시들이 있다. 에베소, 빌라델비아, 라오디게아, 골로새, 버가모, 밀레도 등등. 그 '아시아'는 갈라디아 지방과 마케도니아 지역 가운데에 있는, 그러니까 이른바 동아시아는 물론이고 인도하고도 너무나 멀리 떨어진, 현재의 동남·동아시아와 전혀 상관이 없는 지역이라는 것이다. 동명이지同名異地라고 할까? 그런데 '아시아'라는 이름 때문인지 소위 평신도들뿐 아니라 영향력 있는 목회자들, 아니 설교를 했던 그 목사에 의하면 "많은 선교학자"마저도 성령께서 바울이 가기를 만류했던 그 소아시아 지방의 아시아를 우리가 사는 아시아와 헷갈리고 있다.

사도행전 16장의 아시아가 우리가 사는 아시아가 아님을 알았으니, 당시 성령께서 바울을 만류한 것도 그곳에 각종 종교가 성행했기 때문이 아니라는 점도 우리가 추론할 수 있다. 기실 바울의 행적을 보면 바울은 아무리 선교 대상지의 토종 철학이 강하고 우상 숭배가 만연해 있어도 전혀 두려워하지 않고 선교한 것을 볼 수 있다. 또 바울이 선교할 때 그가 토론해야 했던 스토아 철학이나 에피쿠로스 철학이 상대하기 만만한 것도 아니었고, 물론 동방 종교들이 로마에 유입되기는 하였지만 로마의 종교-문화 상황이 비루하여 새로운 종교를 간절히 원하던 때도 아니었다. 그러니 앞에서 소개한 설교의 요지는 어떻게 보든 별 설득력이 없는 셈이다.

성서를 읽을 때 성서 지도책을 한 권 옆에 두어도 좋다. 손으로 성서 이야기에 나온 지명을 짚어가며 읽다 보면 마치 그 이야기 현장에 자신이 와 있는 듯한 즐거운 착각에 빠지기 때문이다.

같은 소리가 나는 말 때문에 일어나는 착각의 경우를 두 가지 더 지적할 수 있다. 하나는 고린도후서 3장 6절이다. "저가 또 우리로 새 언약의 일군 되기에 만족케 하셨으니 의문으로 하지 아니하고 오직 영으로 함이니 의문은 죽이는 것이요 영은 살리는 것임이니라"(개역). 어떤 목회자가 이곳의 '의문'을 '의문疑問'으로 해석하는 것을 들었다. 그러나 '의문'의 헬라어는 '그라마grammar'로, 글자 그대로는 '문자'를 의미하고, 여기서는 '율법'을 가리킨다. 이러한 오해를 막기 위해 개역개정판은 '의문'을 '율법 조문'으로, 새번역은 '문자'로 각각 번역하였다.

다른 한 경우는 한 전문적인 신약학자가 범한 실수인데 마태복음서 23장 27절에 관한 것이다. "화 있을찐저 외식하는 서기관들과 바리새인들이여 회칠한 무덤 같으니 겉으로는 아름답게 보이나 그 안에는 죽은 사람의 뼈와 모든 더러운 것이 가득하도다"(개역). 그 학자는 신앙과 삶의 태도를 색色을 통해 유비로 논하였다. 그는 성서가 흑과 백처럼 명백한 것을 요구한다고 주장하면서, 성서에 나온 부정적인 색으로 '회색'을 들고 그것을 '기회주의'와 연결하였다. 그가 '회색이 성서에서 부정적인 색'이라는 자신의 주장을 뒷받침하기 위하여 채택한 본문이 바로 마태복음서 23장 27절이다. 그러나 '회칠한 무덤'에서 '회'는 회색灰色이라기보다는 백색에 가깝다. '회칠'은 헬라어 '코니아오koniaō'에 해당하는 말인데, 이것을 영어 성서는 'whitewashed'(NRSV) 혹은 'whited'(KJV) 등으로 옮기고 있다. 오늘 우리가 보는 '회칠'도 회색이라기보다는 흰색에 가깝다. 유대인들에게 무덤에 칠한 회는 부정한 것이 있으니 접근하지 말라는 경고의 표지였다. 위의 두 경우 모두 같은 소리 때문에 겪은 오해라고 할 수 있다.

아라비아로 갔다가

또 나보다 먼저 사도가 된 사람들을 만나려고 예루살렘으로 올라가지도 않았습니다. 나는 곧바로 아라비아로 갔다가, 다마스쿠스로 되돌아갔습니다. 갈라디아서 1장 17절

우리나라 페미니스트들의 선구자격이라고 할 수 있는 전혜린은 여러 편의 수필집을 남겼고, 그의 글은 특별히 감수성이 뛰어난 것으로 알려져 있다. 어느 글에서 전혜린은 인간이 달에 착륙한 사건을 두고 득보다 실이 많다는 논지를 폈다. 이제 달은 인간의 발이 닫기 전의 아름다움과 낭만, 순수의 달이 아니라는 것이다. 그러나 그렇게 인간의 발길이 닿아 거두어질 낭만과 순수라면 너무나 연약한 낭만과 순수가 아닐까? 나는 그러한 감수성을

'연약한 감수성'이라 부르고 싶다. 과학시대를 살고 있는 우리는 오히려 '강한 감수성'을 가질 필요가 있고, 또 가져야 한다. 달에 대한 과학적 기술을 잔뜩 머리에 담아두고도 달을 너무나 아름답게 완상玩賞할 수 있어야 하겠다.

갈라디아서 1장 17절은 이른바 '회심' 후 바울의 행적을 바울 스스로가 말하고 있는 장면이다. 이 구절을 바라볼 때에도 일종의 종교적 환상이 스며든다. 그 시나리오는 대략 이러하다.

극렬한 기독교 박해자 바울은 예루살렘의 신자들을 잡아들이는 데에 만족하지 못하고, 예루살렘 동북쪽 약 230킬로미터 떨어져 있는 다마스쿠스의 신자들까지 핍박하려 하였다. 그러나 거기로 가는 도중에 갑자기 예수의 현현을 체험하였다. 바울은 이 급격한 삶의 전환을 곰곰이 되새겨보아야 할 필요가 있었다. 그리하여 그는 아라비아 사막으로 가서 명상과 기도의 시간을 보내게 되었다. 그런 후에야 다시 다마스쿠스라는 인간 세상으로 돌아온다. 이는 마치 예수께서 다른 곳으로 사역하러 가시기 전, 새벽 미명에 동네 한적한 곳에서 기도하신 것과 흡사하다.

그러나 본문의 '아라비아'가 현재 우리가 알고 있는 사우디아라비아도 아니고, 또 광야나 사막도 아니라는 점을 확인한다면 위의 시나리오는 낭만적 이야기에 지나지 않음을 깨닫게 된다. 고린도후서 11장 32절에 따르면 바울이 아레다 왕의 박해를 피해 달아나는 장면이 나오는데, 아레다 왕은 당시 아라비아 지역을 통치하던 나바테아 왕국의 왕이었다. 그때 '아라비아'는 나바테아 왕국의 북쪽 지역으로, 팔레스타인의 남(동)쪽을 가리키는 지명이다. 바울은 아라비아에 가서 깊은 명상과 기도로 영적 충만함을 꾀한 것이 아니라 나바테아 왕국의 사람들을 대상으로 선교하였다. 그러나 그 선교가 위험하다고 여긴 아레다 왕이 바울을 박해했고, 심지어 다마스쿠스까지 그를 추격했다. '회심' 후에 곧 선교를 시작했다는 추측은 사도행전 9장 22절의 보도와 일치한다. 사도행전에 따르면, 바울은 회심 후 바로 다마스쿠스에서 예수가 그리스도임을 선언하였다. 물론 이 말이 바울이 선교를 하면서 명상과 기도를 게을리했다는 뜻은 아니다.

일반적으로 삶의 전격적인 전환 후에 혼란의 시기를 겪게 됨은 물론이다. 그러나 그 '일반'을 바울의 경우에 무작정 적용할 경우 낭만적인 이야기는 만들어질 수 있겠으나, 사실과는 다소 거리가 있게 된다. 바울은 이전 삶을 단절케 만드는 거룩한 경험 후에 마땅히 겪을 수밖에 없는 혼란을 정리하느라 시간을 허비하지 않았고, 자신에게 부여되었다고 믿는 그것을 행하는 데에 주저함이 없었다. 믿는 바는 많으나 곧바로 실행하지 못하는 우리와는 사뭇 다르다.

말씨와 맘씨

조금 뒤에 거기에 서 있는 사람들이 베드로에게 다가와서 베드로에게 말하였다. "당신은 틀림없이 그들과 한패요. 당신의 말씨를 보니, 당신이 누군지 분명히 드러나오." 마태복음서 26장 73절

새로운 얘기와 낡은 얘기가 서로 섞여 들리는 세상이다. 벌써 오래전 일이지만 미국의 한 신문사가 '대한민국'의 공용어는 한국어와 영어라고 보도했다는 기사를 읽은 일이 있다. 적지 않은 사람들이 분개한 모양인데, 며칠 후 그 '분개'를 머쓱하게 만드는 소식이 들려왔다. 경기도 어느 곳에 영어'만' 쓰는 '마을'이 생겼는데, 앞으로 몇 곳이 더 세워진다는 것이었다. 그곳에서 한국어를 쓰면 규칙

에 따라 소유하고 있는 일종의 티켓을 뺏긴다고 한다. 불현듯 일제 강점기에 중학교를 다닌 아버지의 일본말 공부 이야기가 기억났다. 조선말에 따라다니던 '빨간 딱지'. 그때는 학교는 물론 동무와 놀던 골목길의 조선말에도 언제나 빨간 딱지가 붙었다. 빨간 딱지는 물론 처벌을 가져왔다.

잡힌 예수를 멀찍이 따라 베드로가 들어간 대제사장 가야바의 집 뜰. 베드로는 예수가 심문받던 곳에 감히 들어가지 못하고 바깥 뜰에 앉았다. 그러나 예수의 제자 베드로를 알아본 여종들은 바깥 뜰에서도 '심문'을 진행한다. 집 안에서는 유대교 지도자들이 예수를 심문하고, 바깥 뜰에서는 여종이 베드로를 심문한다.

베드로는 예수의 예언대로 세 차례 부인否認하는데, 그 부인의 강도는 점점 더 높아진다. 처음에는 그저 부인만 할 뿐이었으나(26:70), 그다음에는 맹세를 통한 부인을 하고(27:72), 마지막에는 예수를 저주하며 맹세하며 부인한다(27:74) . 그러나 여종들과 거기에 서 있던 심문관들은 베드로의 '부인'에서 더 결정적인 증거를 얻는다. "아까는 네 얼굴만 보고 '예수와 함께 있던 놈이로구나' 생각했는데, '부인'하는 네 말씨를 들으니 저 갈릴리 놈과 한 도당임에 틀림없구나"(26:73).

하나님과 예수, 그리고 자기 자신을 배신하는 대가를 점점 더 크게 치르며 부인하는 베드로의 말씨가 그 말씨의 주인인 베드로를 배신했다. 다시 말하면, 베드로는 자신의 주인(베드로는 예수를 '주'라고 불렀다. 16:16)인 예수를 배반했고, 베드로의 배반의 말은 자신의 주인인 베드로를 배반했다. 이 얽히고설킨 배반의 이중고리!

유대 문헌들은 갈릴리 사람들이 목구멍에서 오는 연구개음軟口蓋音(k, g, x 등등)을 '제대로' 발음하지 못했다고 전해준다. 유대 사람들이 보기에 갈릴리 사람 베드로는 연구개음에 문제가 있었다(갈릴리 사람들은 '다르게' 발음한 것이지 '틀리게' 발음한 것이 아니다). 일반적으로 우리는 유대인과 갈릴리인을 구별하지 않지만, 예수 당시 유대 지역에 사는 '유대 사람'은 갈릴리에 사는 '갈릴리 사람'과 자신들을 구분하고, 갈릴리 사람들을 철저히 타자화했다. 유대 사람들은 갈릴리 사람들이 충동적이며 반항적이고 혁명적인 반면, 자신들은 합리적이고 온유하며 점잖다고 생각했다. 이런 유대 사람들의 편견은 이후 일부 학자들에 의해 '학문적 사실'로 둔갑하였다. 그러나 그 둔갑술은 집요한 추적에 얼마 가지 못하고 발각되었다. 갈릴리 사람들에 대한 온갖 부정적인 묘사는 유대 사람들이 가진 편견의 반영임이 드러난 것이다. 요한복음 7장 52절은 이런 편견의 단면을 여실히 보여준다. 바리새인들은 니고데모에게 이렇게 말한다. "당신도 갈릴리 사람이오? 성경을 살펴보시오. 그러면 갈릴리에서는 예언자가 나오지 않는다는 것을 알게 될 것이오." 그러나 열왕기하 14장 25절이 알려주는 대로 북이스라엘의 예언자 요나는 갈릴리 출신이었다.

다른 말씨로 너와 나를 구분하고, 그 구분을 통해 차별의 근거를 마련했던 일은 구약성서 이야기에도 전례가 있다(삿 12:1-7). 입다가 북쪽의 에브라임 사람들을 골라 죽이려 할 때의 일이다. "'쉽볼렛'이라고 말해보라고 하고 그대로 발음하지 못하고 '십볼렛'이라고 하면 잡아서 그 요르단강 나루턱에서 죽였다. 이렇게 하여 그때 죽은 에브라임 사람의 수는 사만 이천이나 되었다"(삿 12:6, 공동번역). 관동대지진 때 일본에서도 조선인을 골라내기 위해 '말씨'를 동원했다고 하니, '말씨'의 구분 능력은 실로 대단하다. 그런데 말씨를 통해 맘씨까지 예단하고 규정하려고 할 때에는 심각한 문제가 발생하기 마련이다.

신앙을 가질수록 경계해야 하는 몇 가지가 있다. 그중 하나가 다름과 틀림을 구분하지 못하거나 다름과의 공존을 거부하는 것이다. 나와 다른 '그', 혹은 우리와 다른 '그들'이 있다고 하자. 나와 그의 차이를 극대화하고,

그 극대화를 본질화하고, 본질화한 것을 토대로 차별하는 것을 '타자화'라고 부를 수 있다. 이런 차이에는 지역, 학력, 재력, 종교, 성, 인종, 계층, 신분 등이 있을 수 있다. 정치적 견해, 경제를 바라보는 관점, 사회를 평가하는 기준에 관한 의견도 그러한 타자화를 가져올 수 있다. 예수는 동시대 유대인이 비유대인을 타자화하는 것을 거부했다. 남성이 여성을 그렇게 하는 것도 허락하지 않았다. '신앙'을 가졌다고 자처하는 사람들은 그 '신앙'에서 비롯되었다고 여기는 여러 기준을 만들고, 그것으로 다른 사람들을 타자화하기 매우 쉽다. 이것을 경계하지 않을 수 없다.

성서와 로마의 통치 체제

3

종교와 정치가 분리되어야 한다는 주장이 선명히 제기된 것은 서양 근대에 와서다. 그러나 역사가 기록된 이후 종교와 정치가 정말로 분리된 적은 거의 없었다. 21세기 초반 우리는 기독교 근본주의자들과 이에 맞선 이슬람 원리주의자들의 격돌을 생생하게 목격했다. 세속화되었다는 유럽 역시 종교와 정치의 분리는 칼로 물을 베어놓은 것과 같은 상태이다. 우리나라의 경우도 마찬가지이다. 1970년대에서 1990년대 초반까지 이른바 진보주의적 기독교인들이 정치 참여에 열심이었다면, 21세기는 '나라를 지키기로 나선' 보수주의적 기독교인들의 정치 참여의 깃발과 함께 시작되었다.

신약성서가 기록되던 1세기 팔레스타인 및 시리아는 로마제국의 통치 지역이었다. 그곳에서 로마제국은 자신들의 통치 정당성을 선전하고, 세금과 공물, 그리고 징발을 수월케 하는 통치 체제를 구축했다. 예수와 그의 추종자들은 이러한 로마의 통치 선전과 통치 체제에 둔감할 수 없었다. 신약성서는 로마의 통치 선전과 체제를 면밀히 의식했다. 제3장은 로마의 통치 체제, 특별히 정치·군사적 정황에서 신약성서를 조망한다.

황제의 친구와 예수의 친구

이 말을 듣고서, 빌라도는 예수를 놓아주려고 힘썼다. 그러나 유대 사람들은 "이 사람을 놓아주면, 총독님은 황제 폐하의 충신이 아닙니다. 자기를 가리켜서 왕이라고 하는 사람은, 누구나 황제 폐하를 반역하는 자입니다" 하고 외쳤다. 요한복음서 19장 12절

우리나라는 이른바 민주주의를 정치 형태로 가지고 있다. 영어의 'Democracy'는 헬라어로 '군중' 혹은 '국민'을 뜻하는 '데모스demos'와 '지배(자)'를 의미하는 '크라토스kratos'를 결합한 말로서 '국민/군중/시민의 지배'를 가리킨다. 이 정치 형태는 다수지배의 원칙, 대의제, 권력의 출처인 국민의 권리에 대한 존중을 핵심적인 품목으로

가지고 있다.

신약성서가 기록되던 때에 지중해 세계는 우리의 민주주의와는 다른 정치 형태 속에 놓여 있었다. 로마는 하나의 작은 도시국가로서 거대한 제국을 건설했는데, 이 제국을 유지하기 위해 그들 특유의 통치 모델을 심화하였다. 곧, 로마제국은 황제 한 명이 엄청난 제국의 인민들을 수월히 통치하고, 로마라는 작은 도시국가가 광활한 지역을 효과적으로 치리하기 위해 이른바 '후원자 체제 patronage' 모델로 이해될 수 있는 특정한 관계를 형성하고자 했다.

후원자 체제는 고대 지중해 세계의 사회적, 제도적 관계를 이해하기 위한 하나의 이해 틀이다. 우리는 고대 지중해 세계에서 신-인간, 왕-신하, 아버지-아들, 스승-제자, 지주-소작인, 정치인-투표자 등등이 관계를 맺고 살아가는 모습을 이 모델을 사용하여 파악할 수 있다.[18] 이 관계는 다음과 같은 특징을 갖는다. 먼저 후원자-피보호자 관계는 권력과 지위, 그리고 부 등의 항목에서 현격한 차이를 갖는 개인들, 혹은 집단들 사이에서 일어난다. 이들은 서로 다른 자원들을 교환한다. 예를 들어 지주는 소작인이 경작할 땅을 제공하지만 소작인은 자신의 노동을 통하여 소작물을 낸다. 이 상호 교환에는 정서적인 것이 포함된다. 후원자는 피보호자를 향하여 은혜와 호의를 베풀고, 피보호자는 이에 따라 명예와 찬사, 충성과 감사의 태도를 보여주어야 한다. 따라서 이 정서적 교환은 단지 감정적 수준에만 머물지 않고 각자가 떠맡아야 하는 도덕적 책무로까지 승화된다.[19] 그리하여 후원자는 후원자의 도덕적 품성을, 피보호자는 피보호자로서의 도덕적 자세를 갖추어야 한다. 후원제도의 원활한 운영은 상호 간의 도덕적 충실성에 달려 있게 된다.

이런 사회에서 중요한 것은 후원자-피보호자의 관계가 흔들리지 않는 것이다. 후원자-피보호자 각각의 신분이나 사회적 구조는 이미 주어진 것이고, 이 구조를 흔드는 일은 비도덕적인 것으로 규정된다. 도덕적인 이들은 현 상태를 그대로 유지하고, 지키고, 회복해야 한다. 예를 들어, 1세기 로마는 다른 민족적 그룹들을 후원자-피보호자 관계에 근거를 둔 좋은 신뢰의 관계에서 다루려 했다. 여기서 로마는 후원자이며, 다른 이들은 피보호자이다. 그들은 마땅히 피보호자로서 행동을 해야 하는데, 다르게 행동하는 것은 반역이며, 법을 어기는 일이다.[20] 이는 반도덕적인 것이 된다. 따라서 선동가들은 정치범인 동시에 반도덕적 인물로 간주된다(눅 23:32 참고).

후원자와 피보호자 사이의 간격이 뚜렷하고 제한된 소

수만이 어떤 자원이나 지위에 접근하는 사회에서는, 그것들에 접근하려는 개인이나 집단은 언제나 특정한 집단이나 개인, 곧 중재자나 중개인을 통하기 마련이다.[21] 이들은 중간에서 후원자와 피보호자를 연결한다. 물론 한 개인이나 집단은 때에 따라서 후원자-중재자-피보호자를 오고 간다. 예를 들어 로마의 한 고위 관료는 로마 황제에 대해서는 피보호자인 동시에 자신의 피보호자를 가지고 있는 후원자이며, 동료를 황제에게 소개하는 중재자 역시 될 수 있다.[22]

로마제국의 지배 체제에서 로마와 로마가 다스리는 다른 이방 지역 사이에는 현지 지배층이 이 두 집단 사이를 잇는 브로커가 되는 경우가 흔하다. 이때 후원자인 로마제국은 이들을 '친구'라는 형태로 취한다. '친구'는 감정적인 유대뿐 아니라 호혜성에 기반을 둔 사회·정치적 계약에서도 성립한다. 로마제국의 중심은 그들의 '친구' 혹은 '피보호자'로 하여금 그 지역을 관리하게 한다.[23] 이와 같이 후원제도에서는 "친구를 삼는다"라는 사적 관계와 "한 지방을 다스리게 하는 직책을 주는" 공적 관계가 아무런 경계 없이 뒤섞인다. 물론 '친구'는 로마 황제와 황제의 신하 사이에서도 쓰이는 말이었다. 대개의 경우 황제가 신하를 향해 '친구'로 부르게 된다. 황제는 자신들의 '친구'에게 지역을 다스리는 권한을 주고, '친구'를 통하여 대리 통치한다. 이와 같은 후원자 체제는 로마제국에 대한 피정복민들의 정서적 반감을 누그러뜨리는 데에 효과적이었을 뿐 아니라 로마 및 황제에 대한 '친구'들의 충성심 경쟁을 유발하게도 하였다. 신약성서 기자들도 로마의 이런 통치 형태를 잘 알고 있었다. 그것이 반영된 구절이 요한복음서 19장 12절이다.

요한복음 19장 12절에서 유대인들은 빌라도 총독에게 "이 사람을 놓아주면, 총독님은 황제 폐하의 충신이 아닙니다"라고 협박한다.[24] 그런데 이때 '충신'으로 번역된 그리스어는 '친구'를 뜻하는 '필로스philos'이다. 우리가 로마의 통치 형태를 이해한다면, 19장 12절의 '필로스'의 적당한 번역은 '충신'이라기보다는 '친구'임을 알 수 있다.

빌라도는 황제의 '친구'로서 유대의 총독으로 임명되어 피정복민들과 그 지역을 다스렸다. 곧, 빌라도 권세의 근원은 자기 자신이 아니라 황제였다. 예수를 반대하고자 하는 유대 지도자들은 황제에게 권세의 기원을 둘 수밖에 없는 빌라도의 처지를 염두에 두고, 예수의 무죄 석방을 판결하려는 빌라도를 압박했다. 빌라도가 황제의 '친구'라면 스스로를 왕으로 천명하는 예수를 놓아줄 수는 없다는 것이다. 이 위협은 실제적인 것이었다. 유대의 권력자들은 이 사건을 두고 로마에 고발할 수도 있었기 때문에 빌라도는 유대인 지도자들의 요구를 들어주었다. 빌라도를 압박하는 이 장면에서 유대 지도자들은 '이스라엘의 유일한 왕은 야웨 하나님'이라는 그들의 신앙을 헌신짝처럼 저버린 인물들로 묘사된다. 이 장면에서 요한복음서 기자는 유대 지도자라고 일컬어지는 사람들이 야웨 하나님 대신 로마 황제를 그들의 왕으로 삼았다고 고발하고 있다.

요한복음서는 '친구'라는 단어를 다른 복음서에 비해 특징적으로 사용한다. 3장 29절에서 세례자 요한은 예수를 신랑으로, 자신을 신랑의 친구로 자리매김한다. '친구'는 신랑의 흥함을 크게 기뻐하고 자신의 쇠함을 개의치 않는, 곧 신랑의 흥함 자체만으로도 기뻐할 수 있을 정도로 신랑과 가까운 사이를 나타낸다. 15장 13~15절에서 예수는 자신의 제자들을 두고 더 이상 '종'이 아니라 '친구'라고 한다. 예수는 자기의 '친구'들을 위해 목숨을 내놓을 정도로 그들을 사랑하며, 아버지에게 들은 모든 것을 다 얘기해줄 정도로 비밀이 없는 막역한 사이로 그 관계를 설정한다.

1세기 요한복음서 청중들은 요한복음서 이야기에 등장하는 황제의 '친구'와 예수의 '친구' 사이의 대조를 보고, 그 둘 중 어느 것을 택해야 할지를 요구받았다. 누구의 권세 아래, 누구의 호의 아래 살 것인가? 이것은 단지 신앙적인 문제가 아니라 사회정치적인 함의를 띨 수밖에 없는 결단을 요구하는 물음이었다.

황제의 것과 하나님의 것[25]

"그러니 선생님의 생각은 어떤지 말씀하여주십시오. 황제에게 세금을 바치는 것이 옳습니까, 옳지 않습니까?" 예수께서 그들의 간악한 생각을 아시고 말씀하셨다. "위선자들아, 어찌하여 나를 시험하느냐? 세금으로 내는 돈을 나에게 보여달라." 그들은 데나리온 한 닢을 예수께 가져다드렸다. 예수께서 그들에게 물으셨다. "이 초상은 누구의 것이며, 적힌 글자는 누구를 가리키느냐?" 그들이 대답하였다. "황제의 것입니다." 그때에 예수께서 그들에게 말씀하셨다. "그렇다면, 황제의 것은 황제에게 돌려주고, 하나님의 것은 하나님께 돌려드려라." 마태복음서 22장 17-21절

신앙인은 제 맘대로 살지 않고, 하나님의 말씀을 살펴

그가 기뻐하는 뜻대로 살고자 한다. 또한 대부분의 기독교인들은, 비록 오래전에 기록된 것이라 하더라도 성서에 우리의 삶을 올바로 이끌 만한 하나님의 지혜와 계시가 있다고 믿는다. 따라서 2000년대 들어서 본격적으로 대두되었고 이후 교회 내외의 뜨거운 논쟁거리가 된 '교회 및 목회자도 세금을 납부해야 하는가'의 문제를 풀려고 할 때도 성서에 묻는 일이 먼저 있어야 한다.

신앙과 납세를 결부지은 것은 오늘날 우리나라 교회만의 문제가 아니었다. 예수가 활동하던 시대의 납세 문제는 지금과 비교할 수 없을 만큼 뜨거운 논쟁거리였다. 예수가 활동하던 1세기 팔레스타인은 로마의 식민지였다. 유대는 비록 어느 정도의 자치를 인정받았지만, 로마제국은 그곳을 정치, 경제, 군사적으로 통치했다. '로마제국이 통치한다'는 것은 무엇을 의미할까? 한 로마인이 했던 말, "지배하는 것은 세금을 거두는 것이다"라는 말은 로마인들의 통치 관념을 잘 보여준다.

로마제국은 자신들이 피정복민들에게 번영과 평화를 제공한다고 주장했다. 외적外敵으로부터 군사적 안정을 보장하고, 소모적인 내분을 억제하며, 치안을 유지하여 경제 생활을 윤택하게 한다고 선전했다. 이에 대한 응당한 대가로 로마는 피정복민들에게 세금을 요구했다.

로마가 세금을 종용한 명분은 그럴듯해 보인다. 그러나 많은 유대인들은 로마제국의 선전에 동의할 수 없었다. 오히려 적지 않은 유대인들은 로마야말로 유대를 침입한 '외적'이며, 유대 지도자들 사이의 내분을 발생케 한 세력이고, 각종 세금과 공물 요구로 극심한 경제적 빈곤을 가져와 치안을 불안케 한 제국이라고 생각했다. 이러한 유대인의 인식은 로마를 위한 납세에 부정적이게 했다.

납세에 부정적인 현실적 이유도 분명했지만, 유대인들이 납세를 꺼린 또 다른 결정적 이유는 신앙적인 것이었다. 로마에 세금을 납부한다는 것은 로마를 유대의 통치자로 인정하는 행위이며, 이는 많은 유대인들에게 이스라엘의 하나님을 부정하는 것과 다름없게 여겨졌다.

헤롯 대왕 시대에는 그나마 세금이 우선 '유대인의 왕'인 헤롯에게 걷히고, 이후 헤롯은 얼마간의 '수수료'를 떼고 로마에 그 세금을 바쳤다. 유대인들은 직접 로마에 납세하는 행위를 견딜 수 없었기에, 헤롯은 일종의 세금세탁업자의 역할을 담당했다. 그러나 기원후 6년 헤롯 대왕의 아들 아켈라오가 추방되고, 이후 로마는 유대와 사마리아를 직접 통치하였다. 세금세탁업자가 없어지고 유대인들은 곧장 로마인들에게 세금을 내야 했다. 이때 '갈릴리의 유다'라는 한 인물이 "하나님 한 분만이 통치하신다"는 급진적 신정주의를 내세웠다.

갈릴리의 유다와 그의 사상은 유대 민중의 공감대를 토대로 발생한 것이었다. 갈릴리의 유다는 로마인들에게 납세하는 것은 이스라엘의 하나님의 주권을 멸시하는 행위이며, 모든 유대인들은 하나님 통치를 실현하기 위해 함께 일해야 하는데, 책임적인 신앙의 구체적인 형태가 바로 납세 거부라고 선언했다.

유대인 역사가 요세푸스Josephus는 이 '철학'을 사두개파, 바리새파, 에세네파와는 구별된 '제4의 철학'이라고 불렀다. 이 사상은 유다의 죽음으로 끝나지 않고 계속 살아남아, 유대를 완전한 패망으로 이끈 기원후 66~70년 로마-유대 전쟁을 일으킨 사상적 근원이 되었다. 이런 시대적 분위기가 있었기 때문에, 예수는 "황제에게 세금을 바치는 것이 옳습니까, 옳지 않습니까?"(막 12:14; 마 22:17; 눅 20:22)라는 질문을 받게 되었다.

이 질문을 한 사람들은 바리새파와 헤롯 당원들(막 12:13; 마 22:15-16) 혹은 서기관과 대제사장(눅 22:19)들이었는데, 이들의 의도는 불순했다. 그들은 예수를 갈릴리 유다의 사상을 따르는 급진적인 반로마적 인물로 몰아세우려고 했다. 만약 예수가 '황제에게 세금을 바치면 안 된다'라고 대답하면, 조직적이고 폭력적인 납세 거부 운동을 철저히 짓밟았던 로마 군대는 이번에도 예수와 그 제자들을 '진압'할 것이다. 그들은 이를 노렸다. 그러나 질문을 받은 예수의 대답은 절묘했다.

예수는 질문한 이들에게 세금으로 바치는 돈을 가져와 보라고 하였다(마 22:19 병행). 그러자 질문한 이들은 로마의 화폐 데나리온을 가져왔다. 단순해 보이지만 이 장면은 대단히 의미심장하다. 이 상황이 말해주고 있는 바는 분명하다. 로마의 돈을 소유하지 않은 예수는 로마 황제의 납세 체제, 곧 황제의 지배 체제에 연루되어 있지 않다. 도리어 황제의 지배 체제는 세금 낼 돈을 가지고 있었던, 예수에게 질문한 사람들 자신의 문제일 뿐이다. 예수는 로마 황제의 지배 체제와 그것의 상징인 데나리온 아래 복속되지 않는다. 대신 예수는 하늘 아버지가 먹이시고 입히시는 공중의 새와 같이, 들에 핀 백합화와 같이 하늘 아버지의 돌보심 아래 살아간다.

예수는 또 "황제의 것은 황제에게 돌려주고, 하나님의 것은 하나님께 돌려드려라"(마 22:21) 하고 선언한다. 이것은 '황제에게 세금을 내야 하는가'에 대한 대답이지만, 이 대답은 동시에 청중을 향해 묻는 질문이 된다. 이 말씀을 듣는 청중은 무엇이 '황제의 것'이고, 무엇이 '하나님의 것'인지를 스스로 판단해야 한다. 예수가 데나리온을 가져온 이들에게 돈에 새겨진 초상이 누구의 것이며, 그곳에 적힌 글자는 누구를 가리키느냐고 물은 것은 그가 그 초상과 글씨를 몰라서가 아니다. '황제의 것'과 '하나님의 것'에 대한 판단을 청중 스스로가 하라는 의미이다. 뜻을 명확히 드러내기 위해 예수의 말을 이렇게 재진술할 수 있다. "황제의 것이라고? 그렇다면 황제에게 주어버려라. 대신 하나님의 소유는 그분께 온전히 드려야 한다. 너희들이 생각하는 하나님의 소유는 무엇인가?" 우리가 하나님의 소유라고 판단하여 온전히 드리는 것, 그것이 우리의 신앙과 생각, 그리고 헌신을 드러낼 것이다. 예수는 하나님께 그분의 삶과 목숨을 돌려드렸다. 예수가 생각하기에 하나님의 소유는 삶의 전체였다.

　세금 문제 및 세상 정부와 관련하여 주요 본문으로 해석되어온 "가이사의 것은 가이사에게, 하나님의 것은 하나님께 바치라"는 말씀은 어떤 교리적 세부 지침을 주기보다는 항상 새로운 시대의 청중에게 그들의 신앙을 고백하도록 한다. 새로운 정황 속에 놓인 신앙인들은 '가이사의 것'은 무엇이고, '하나님의 것'은 무엇인지를 그들의 믿음과 신앙적 지혜를 통해 사람들 앞에서 대답해야 한다. 이를 통해 하나님의 소유를 그분께 돌려드리는 일, 곧 하나님의 '나라와 권세와 영광'을 영원히 높이는 일에 전력을 다해야 한다.

한편 마태복음서 17장 24~27절은 다른 복음서에는 없는 구절로, "황제의 것은 황제에게 하나님의 것은 하나님께 바치라"는 말씀 외에 납세 문제에 관한 사고 방향을 제시해준다. 그 본문에 따르면, 세금을 거두는 사람들이[26] 베드로에게 '너의 선생은 세금(디드라크마)을 내지 않느냐?'고 묻는다. 헬라어를 보면, 이 질문은 긍정의 대답을 기대하는 물음이다. 세리들의 기대에 걸맞게 베드로는 강한 긍정의 대답을 한다. 베드로가 이 대답 후에 '집안'에 들어가자 예수는 베드로에게 먼저 세금에 관해 질문하고, 이에 대해 말한다. 예수와 베드로 사이에 오고간 대화의 의미를 이곳에서 모두 살펴볼 수는 없다. 다만 우리는 '집 밖'으로 나온 베드로가 예수의 말대로 물고기입에서 나오는 돈으로 "나와 너를 위하여"세금 걷는 이들에게 세금 내는 장면을 추정해볼 수 있다.

이 장면에서 얻는 통찰은 다음과 같다. 결국 납세 문제도 물고기의 입을 세금 출처로 만든 예수의 주권 아래서 이루어지는 것이며, 이것이 신앙인들에게 확인되면 세상에 살 동안 '나(예수)와 너(베드로/교회)를 위하여' 얼마든지 납세를 할 수도 있다. 납세를 통해서 확인되는 것이 세금을 받는 '세상 임금의 권위'가 아니라 도리어 물고기의 입을 통해 기적을 만드시는 창조주와 예수의 권세일 경우, 또한 그것을 '집 안'에 있는 제자들이 분명히 알 경우에 납세는 목숨을 걸고 하지 말아야 할 배교행위는 아니다. 납세는 '세상 임금'이 아니라 '나'와 '너'를 위하여 전략적으로 선택할 수 있다. 이 장면을 통해 우리는 하나님의 나라를 이 땅에서 실현해가는 데 불필요한 마찰을 피하기 위해 일부 초대교회가 납세를 거부하지 않았던 것을 알 수 있다. 이 이야기의 초점 역시 예수의 '권위'를 확인하는 데에 있다. 사람들이 예수에게 제기한 것은 '세금' 문제이지만, 예수는 이를 어느새 그의 '권세'를 확인하는 계기로 만들었다.

이상과 같이 성서는 납세에 관해 시행세칙을 제시하기보다는 몇 가지 근본 원칙을 제공한다. 첫째, 납세 문제와 연관해서도 '하나님의 소유'를 그분께 돌려드리는 일, 곧 하나님을 하나님으로 섬기고 찬양하는 일이 무엇인지를 먼저 고려해야 한다. 둘째, 납세하더라도 이는 예수의 권세와 가르침 아래서 이루어져야 한다. 셋째, 세금은 "'나(예수님)'와 '너(교회)'를 위하여" 전략적으로 판단할 사항이다. 로마가 다스리던 초대교회의 정황에서라면 불필요한 갈등을 유발하여, 교회의 존립을 어렵게 하면서까지 납세를 거부할 이유는 없다. 요컨대, 성서는 하나님의 소유를 하나님께 돌려드리고 예수의 권세를 확인하는 데에 초점을 맞춘다. 납세 문제, 곧 '황제의 것'을 황제에게 주는 문제는 '하나님의 것'을 그분께 온전히 돌려드리기 위한 목적 아래서 전략적 판단에 따라 움직이는 종속변수이다.

로마의 평화와 예수의 평화²⁷

나는 평화를 너희에게 남겨준다. 나는 내 평화를 너희에게 준다. 내가 너희에게 주는 평화는 세상이 주는 것과 같지 않다. 너희는 마음에 근심하지 말고, 두려워하지도 말아라. 요한복음서 14장 27절

문학에서 이른바 '전쟁 문학'이라고 분류되는 작품들이 있다. 이 작품들은 실향과 집의 상실, 인간의 폭력성 및 파괴성과 악마성, 기근과 극심한 가난, 결여된 인간성, 양도할 수 없는 인간의 가치 등등을 제재題材 혹은 소재素材로 삼아 전쟁 체험을 직간접적으로 형상화하고 증언한다. 전쟁 자체를 소재로 삼아 휴머니즘의 가치를 고양한 황순원의 〈학〉이나 분단, 이데올로기, 인간의 근원적 실

존 문제를 다룬 최인훈의 《광장》 등도 6·25 전쟁이라는 역사적 참혹상을 피해갈 수 없었던 우리나라 문단의 결실들이다. 이와 같이 전쟁 문학의 제재와 소재, 그리고 시대적 정황을 근거로 할 때 신약, 특별히 복음서들은 일종의 '전쟁 문학'으로 간주될 수 있다.

전쟁 와중이나 예루살렘과 성전 멸망 바로 직후에 쓰인 것으로 추정되는 마가복음서는 물론 마태나 누가, 요한복음서 모두 66~70년 사이의 유대-로마 전쟁과 그로 인한 비참한 결과에 대해 명시적 혹은 암시적으로 말하고 있다. 물론 복음서들은 유대-로마 전쟁 자체를 기술하고자 한 요세푸스의 《유대전쟁사》 같은 작품과 관심 및 목적을 공유하지는 않는다. 하여 전쟁의 원인, 전개, 결과와 그중에 있었던 참혹상은 변절한 유대인 장군이자 역사가인 요세푸스의 묘사가 복음서들의 언급보다 더 직접적이고 생생하다.

애당초 그 '변절자'의 서술 목적은 동족인 유대인을 위한 변증이었다.[28] 요세푸스의 전체적인 요지는 대략 다음과 같다. '전쟁은 전통적인 유대인들의 덕德, virtue을 잃어버린 사악한 자들에 의해 시발되었다. 그들은 율법을 어겼고, 로마인들은 하나님의 사자로서 그들에게 심판을 내렸다. 그러므로 조화와 평화의 덕을 지니고, 유대교의 하나님에게 충성스런 유대인들은 이전의 로마 황제가 시행하던 그 보호를 받아야 하며, 고대로부터 존재했던 그 민족은 존중을 받아야 한다.'

그러나 글은 언제나 저자의 의도와 목적 아래 얌전히 머물지 않는다. 전쟁의 비극성에 대한 구체적이고 뚜렷한 보도는 로마의 위대함을 의도적으로 찬양하려는 그 '변절자'를 배반한다. 리얼리즘 예찬자들이 주장하듯 현실에 대한 사실적인 묘사는 저자의 이데올로기와 전혀 다른 방향으로 나갈 수 있다. 다시 말하면 로마의 위대함은 그 위대함의 실행자인 로마 군대의 잔인함과 파괴적 충동의 발현에 의해 가려진다. 한 마을에 가해진 로마 군인들의 습격에 대해 요세푸스는 다음과 같이 그린다. 마을을 가득 메운 로마 군인들은 노획을 위해 어느 집으로 들어간다. 그러나 거기서 그들이 발견한 것은 이미 한 가족이 모두 굶어 죽어 있는 참혹한 광경뿐이었다. 몸서리치며 빈손으로 그곳을 뛰쳐나오지만 동정도 잠시, 그들은 골목에서 발견하는 이들을 모두 학살하고 집을 불태워버렸다. 불타오르는 집의 상당수는 핏물로 그 불이 꺼질 지경이었다.

이런 참담한 광경 앞에서 전쟁의 신 마르스의 광기를 지켜보는 사람들이 할 수 있는 일이란 무엇일까? 울음과 통곡 외에 다른 것이 있을까? 복음서의 예수도 그러하였다. 그는 참혹한 멸망을 앞에 둔, 그러나 평화의 길을 몰라 헤매는 예루살렘 성을 보고 '울었다klaiō'(눅 19:41). 그 참상이 얼마나 큰지, 십자가를 지고 가는 예수는 자신을 향해 통곡하는 여인들을 보고 "그대와 그대 자녀들을 위해서 울라"(눅 23:28)고 한다. 이 두 구절이 속한 단락 모두 유대-로마 전쟁과 관련되어 있다. 마태 역시 그 울음에 대해 말한다. 마태는 로마의 봉신왕 헤롯이 벌인 유대인 어린아이들에 대한 학살을 보도한다(마 2장).[29] 라마에서 들려오는 통곡 소리, 자식을 위한 애곡 소리, 위로받기를 거절하는 어머니들의 비통悲慟 소리에는 유대-로마 전쟁의 암영暗影이 서려 있다.

전쟁에서 구차한 목숨을 건진 사람들의 삶이 영육 간에 풍요로울 리 없다. 횡행하는 전쟁 귀신에 사로잡히는 일도 빈번했을 것이다. 예수가 만난 거라사의 한 광인은 군대 귀신, 여단 규모의 로마 군대를 일컫는 '레기온'에 사로잡힌 이였다. 그는 무덤 사이에 거하며, 밤낮 괴로운 소리를 질러대고, 돌로 자해하기를 멈추지 않았다(막 5장).

예수가 가르쳐준 기도, 그리하여 우리가 반복하여 외워 기도하는 주기도문의 한 구절은 당시 핍절한 삶의 한 단면을 여실히 알려준다. 그 짧은 기도문 중 하나가 "바로 오늘 우리에게 하루 먹을 빵을 주소서"(마 6:11, 저자 사역)이다. 대부분의 우리말 성경에서 '양식'으로 번역된 '아르토스artos'는 단지 빵을 가리키는 단어이다. 물론 그것이 제유법提喩法으로 '양식'을 나타낼 수 있지만 공중의 새를 보고 하나님의 도우심을 바라는 사람들의(마 6:26) 간절함을 드러내기에는 (주요 영어 성서가 'bread'로 번역하듯이) '빵'이라는 문자적 번역이 더 적절하다. 물론 우리의 식문화를 고려할 때 '밥'이라고 의역하는 것이 더 좋을 듯하다.

예수의 제자들이라고 해서 예전 광야를 헤매던 이스라엘 자손들에게 내리던 만나와 메추라기를 받아먹었던 것은 아니다. 한 학자의 예리한 통찰대로 "모든 것을 버리고 예수를 따른" 제자들의 행동은 종교적으로 볼 때 거룩한 것과의 만남의 결과지만, 사회적으로 볼 때에는 유대-팔레스타인 지역에 폭넓게 암시되어 있는 다양한 사회적 무근성無根性의 결과였다.[30] 다시 말하면 그들은 예수를 따라 모든 것에서 '떠나며' 소유하기를 원치 않았던 것으로 등장하지만 그 이면에는 거의 아무것도 소유하지 못했기에 떠나야만 했던 삶의 비극이 있었다는 것이다.

피와 눈물, 통곡과 탄식의 전쟁은 70년을 기점으로 끝났지만 '삶의 전쟁'은 계속되었다. 크게 세 가지가 지속되는 전쟁을 입증했다. 하나는 로마에 의해 부과된 세금이고, 다른 하나는 군대의 현존이었다. 그리고 나머지 하나는 곳곳에 서가는 로마 황제의 조상彫像과 로마 신을 위한 신전이었다. 예루살렘 성전을 위해 내던 두 드라크마의 성전세는 로마의 유피테르 신전 보수를 위한 세금으로 바뀌었다. 이제 유대인들은 '유대인의 하나님 야웨'를 누른 로마의 주신主神 유피테르를 위한 신전세를 '유대인의 세fiscus judaicus'라는 일종의 전쟁 배상금 격으로 내야만 했다. 로마 군대는 "주검이 있는 곳에 모이는 독수리"(마 24:28)의 깃발을 꽂고 예루살렘에 유대인들을 얼씬도 못하게 하였다. 다윗성, 큰 임금의 성, 거룩한 성인 예루살렘은 더 이상 유대인을 품지 못하였다. 플라비우스 가문의 세 번째 황제, 곧 예루살렘으로 진격한 베스파시아누스 황제와 베스파시아누스의 큰아들인 두 번째 황제 티투스에 이어 황제의 자리에 오른 티투스의 동생 도미티아누스는 살아 있는 자신을 "주와 하나님dominus et deus"(요 20:28 참고)으로 부르라고 명령을 내렸다. 죽은 선왕을 신격화하는 것은 로마제국의 관례였지만 스스로 살아 있는 자신을 하나님으로 부르라는 명령은 로마인들에게조차 받아들이기 어려운 요구였다. 그러나 반감을 품은 자들의 입에 주목할 겨를도 없이 여기저기서 경쟁적으로 터져나오는 아첨과 과장된 수사적 찬양은 언제나 넉넉했다.

'폭력의 만세반석' 위에 터를 잡고 지중해 역사상 가장 큰 제국을 이룬 로마, 정복하기 위해 태어났고 정복하는 것이 신의 뜻을 엄숙히 준행하는 일이라는 선전propaganda 에 스스로 기만당했던 그들 틈에서 평화의 꽃이 자라날 곳은 어디일까? 물론 로마는 위기를 조성하고, 이를 구실 삼아 정복하고, 그곳에 로마의 법과 '질서'를 부여한 후, 그 명목으로 세금을 걷고, 부유한 이들의 사적 재산의 보호와 자유로운 경제 활동을 군대의 힘으로 유지했던 그 것을 가리켜 '로마의 평화Pax Romana'[31]라고 했다. 로마의 지배계급은 피식민지의 굴욕적인 복종과 납세에서 평화를 보았다. 그러나 그것은 시체의 조용함을 '평화'라고 지 칭하는 것일 뿐이 아닌가.

도미티아누스 시기에 기록된 것으로 추정되는 요한복 음서는 예수의 평화에 대해서 말한다(요 14:25-31). 예수가 주는 평화는 로마가 주는 평화와 같은 것이 아니다.[32] 그 평화 속에 들어간 이들은 마음을 '졸이지 않아도tarassō', '겁을 집어먹지deiliaō' 않아도 된다(27절). 그에게는 예수 의 영인 보혜사와 다시 돌아온 예수, 그리고 예수의 아버 지가 함께하기 때문이다(26, 28절).

그러나 이는 세상을 등지고, 거기에 눈감고 종교적 세계로 성급히 도피하라는 말이 아니다. 예수는 '이 세상의 임금' 곧 사탄이 전쟁과 폭력에 미친 로마 군대를 통하여 자신에게 다가옴을 알고 있다. 예수는 자신의 제자인 가룟 사람 유다를 통해 배신을 당할 것이고, 가족처럼 아꼈던 제자들이 도주하리란 점을 예감했다. 환호하던 군중이 싸늘하게 돌아서 가학의 축제를 즐길 준비를 하고 있으며, 로마는 으레 그러했듯 폭동의 방지책으로 애꿎은 갈릴리 촌놈 하나의 목숨쯤을 쉽게 살라버릴 '도덕'을 갖추고 있다는 점 역시 알았다.

하지만 예수는 이 모든 것을 알고도 '그'(이 세상의 임금)가 자신에게 '관계할en emoi ouk echei ouden' 것이 없다고 말한다. 이는 "그는 나를 제어하지 못한다He has no power over me"(NRSV)라고 새길 때 그 뜻이 분명해진다. 오직 예수는 하나님에 대한 사랑을 보여주고 하나님의 명령을 준행하며(31절) 그의 보호하심을 믿고 나아가는 길에서 주어지는 하나님의 평화를 제자들에게 '나의 평화'로 주려 한다. 예수의 평화 안에 거하는 이들은 예수의 아버지, 다시 돌아온 예수, 예수의 영인 보혜사의 현실을 '로마의 폭력'보다 더 절절한 현실로 느낀다. 신앙 안에 들어선 제자들은 "몸은 죽여도 영혼은 능히 죽이지 못하는 자들을 두려워하지 말고 오직 몸과 영혼을 능히 지옥에 멸하시는 자를 두려워하라"(마 10:28, 개역)라는 예수의 말에서 예수의 평화, 예수의 길에 들어설 채비를 끝낸다.

예수의 평화는 예수가 제자들에게 '주는' 것이지만, 동시에 그 평화는 제자들의 삶에서 구현되어야 하고, 이를 위해 제자들은 구체적인 삶의 현장에서 평화를 연습해야 한다.[33] 무엇보다 먼저 예수의 제자들은 예수 자체가 평화임을 알아야 한다(엡 2:14). 그는 자기 몸으로 갈라진 것들을 조화되게 하였다. 원수는 더 이상 폭력과 전쟁으로 제거되지 않는다. 대신 십자가가 '원수'를 소멸한다(엡 2:16). '원수'를 없애는 새로운 방법이 생긴 것이다.

예수 자체가 평화임을 알아야 한다는 말은 히브리서 기자에게 와서 역설적으로 심화된다. 모든 사람과 더불어 평화와 거룩함을 따르지 않는다면 주를 볼 수조차 없다는 것이다(히 12:14). 평화와 거룩함의 실천은 예수를 알아보는 길이다. 열린 무덤 같은 목구멍, 속임을 일삼는 혀, 독사의 독이 가득한 입술과 입을 가지고 아무리 떠들어대도, 피 흘리는 데 빠른 발로 아무리 달려도, 하나님을 두려워하지 않는 눈을 비벼 떠도(롬 3:10-18) 예수의 모습은 드러나지 않는다. 폭력을 행하고 전쟁을 벌이면서 그곳에 예수가 있다는 말에 미혹되어서는 안 된다.

예수가 평화 자체이며, 평화가 예수 인식의 길이라면 전파하는 복음 역시 평화의 복음(행 10:36; 엡 6:15)임은 당연한 일이다. 세상을 이기는 평화를 선포하면서, 제자들은 각지에 나아가 하나님의 평화를 기원하며 기도한다(마 10:13; 눅 10:5). 이를 위해 '검'과 '분쟁'이 필요하다. 그는 거짓된 화평을 깨고, 잘못된 질서를 뒤흔들고 싶어 한다(마 10:34; 눅 12:51).

평화는 비겁한 사람들의 몫이 아니다. 평화를 이루고자 하는 사람들은 전쟁에 기대는 사람들보다 더 큰 용기와 영혼의 힘, 지성의 통찰이 필요한 이들이다. 그러기에 예수는 말한다. "복 있어라, 평화를 이루는 사람들이여! 그들은 하나님의 아들이라고 불릴 것입니다"(마 5:9, 저자 사역).

엄격한 분과 나귀 새끼 탄 사람

또 다른 한 종이 와서 말하였다. '주인님, 보십시오. 주인의
한 므나가 여기에 있습니다. 나는 이것을 수건에 싸서, 보관
해두었습니다. 주인님은 엄격한[34] 분이라서, 맡기지 않은 것
을 찾아가시고, 심지 않은 것을 거두시므로, 나는 주인님을
무서워하여 이렇게 하였습니다.' 누가복음서 19장 20-21절

누가복음서에 나오는 열 므나 비유(19:11-27)는 흔히 마
태복음서의 달란트 비유(25:14-30)와 함께 묶여서 이해된
다. 그러나 열 므나 비유와 달란트 비유는 사뭇 다르다.
언뜻 보아도 두 비유 사이에는 몇 가지 뚜렷한 차이가 있
다. 므나와 달란트는 둘 다 무게를 달아 값을 치를 때의
단위이기는 하나, 그 값어치는 1 대 60으로 엄청난 격차

가 있다. 달란트 비유에서 주인은 종의 재능에 따라 달란트를 나누어 주었지만, 므나 비유에서 주인은 종 모두에게 한 므나씩만을 주었다(19:13). 달란트를 준 주인은 아무런 말도 없이 주고 떠났지만, 누가는 므나의 주인이 그것으로 '장사'하라고 명령하면서 '왕위'를 받으러 떠났다고 보도한다(19:12). 므나 비유에서는 그 주인의 시민들이 주인을 미워했다고 소개된다. 그래서 백성의 대표가 그를 뒤따라가서 그가 왕이 되는 것을 방해하고자 했다(19:14). 달란트 비유에서는 한 달란트를 받은 사람만이 그것을 땅을 파고 묻었지만, 므나의 비유에서 세 번째 종이 대표하고 있는 여덟 명은 그것을 '수건'에 싸 두었다(19:20). 충성된 종을 위해 달란트의 주인은 주인의 즐거움에 참예케 하는 상을 주었지만 므나의 주인은 자기에게 충직한 종에게 고을을 다스리는 정치적 보상을 했다(19:17, 19). 한 달란트 받은 사람은 바깥 어두운 데로 내어 쫓기는 반면, 므나 비유에서 므나를 수건에 싸 두었던 사람들은 주인이 왕위를 받는 것에 반대한 사람들로 규정되어, 이제 왕이 된 그 주인 앞에서 사형을 당하게 된다. 이 외에도 이 두 비유 사이에는 많은 차이가 있다. 그렇다면 므나 비유와 달란트 비유는 서로 다른 비유일까? 결론적으로 말하면, 그렇다.

므나 비유는 명백한 정치적 사건을 배경으로 하고 있다. 헤롯 대왕 사후 헤롯은 남은 아들 중 장자였던 아켈라오에게 유대 지방을 다스리는 권세를 유산으로 물려주었다. 그러나 유대인들은 아켈라오가 그곳의 왕이 되는 것을 원치 않았다. 하여 아켈라오가 왕위를 승인받으러 로마로 떠난 사이 그의 뒤를 따라 자기들의 대표자들을 보내 그가 왕이 되는 것을 저지하고자 했다. 므나 비유는 이 역사적 사건을 기억하는 많은 유대인들에게 왕위를 받으러 떠난 '주인'이 아켈라오를 암시함을 어렵지 않게 알 수 있게 한다. 이 비유는 주인/아켈라오를 매우 지독한 사람으로, 자기가 심지도 않은 것을 거두는 폭정의 사람으로 묘사한다. 또 그는 자기의 반대자를 사형시키는 잔인한 면까지 보여준다. 처음의 두 종과는 달리 나머지 여덟 명의 종들은 아켈라오를 반대하여 그들에게 맡겨진 므나를 수건에 싸 두었다가 아켈라오에게 돌려준다. 이는 달란트 비유에서 세 번째 종이 받은 달란트를 땅에 묻어두는 것과 다르다. 유대의 율법에 따르면 돈을 수건에 싸 두는 행위는 돈을 땅에 파묻었을 때와는 달리 불성실한 보관행위로 규정되어 그 돈을 잃어버렸을 때 돈을 물어주어야 했다고 한다. 곧 여덟 명의 종들은 '주인'을 반대하는 그들의 의도를 노골적으로 보여주고 있는 것이다.

전후 문맥을 볼 때(19:1-10, 28-44) 이 비유는 아켈라오와 같은 정치적 폭군과 나귀를 타고 예루살렘으로 들어가는 평화의 왕 예수를 서로 비교하기 위한 문학적 장치라고 할 수 있다. 사람들은 예수가 예루살렘에 가까이 왔기에 하나님의 나라가 당장에 나타날 줄로 생각하고 있었다(11절). 예수가 주도하는 폭력과 반란이 다가온 것일까? 예수는 로마의 부역자인 아켈라오와, 그의 궁극적 권세의 기원인 로마 군대를 군사적으로 몰아낼 것인가? 사람들이 이런 궁금증을 가지고 있을 때 예수는 므나의 비유를 말한다. 곧, 지금 정치적 압제와 그것에 대응하여 일어나는 반발, 그리고 폭력과 살해, 이런 반목의 현실을 고발하는 것이다. 예수가 보기에 그런 갈등과 분쟁은 예루살렘을 멸망케 할 뿐이다(19:41-44). 이에 대한 예수의 해결책은 28절 이후에 예루살렘에 앞서 가면서 나귀 새끼를 타는 장면에서 이루어진다. 예수는 평화의 왕이다. 그는 로마의 개선장군이 타는 흰 말이 아니라 나귀를 탄다. 예수는 다른 방식으로 세상의 주인이 될 것이다. 그는 분쟁하고 대립하며 서로를 죽이고 반항하는 것과는 다른 길을 통해 민중의 신임을 얻을 것이다. 예루살렘으로 들어가는 예수는 "그 도성을 보시고 우시었다"(19:41). 그러면서 "오늘 너도 평화에 이르게 하는 일을 알았더라면,

좋을 터인데! 그러나 지금 너는 그 일을 보지 못하는구나"하고 탄식하였다(19:42).

예수의 탄식대로 유대는 평화로 가는 일을 알지 못하였다. 예수의 십자가형 이후 몇십 년이 흐른 뒤 유대는 내란에 휩싸였다. 내란은 로마의 압제와 그 압제를 더욱 심화시키는 유대 지도층, 곧 '로마의 친구'들에 대한 유대 민중의 원성이 실체화된 것이었다. 민중의 폭력적 저항은 급기야 예루살렘을 탈환하고, 유대의 로마 부역자들을 처단하는 데 성공했다. 그러나 그 민중 지도부 내에서 또다시 벌어진 지저분한 흡혈귀적 내분은 유대 민중의 힘을 극도로 약화시켰다. 로마 군대는 결국 주후 70년, 예수의 예언대로 예루살렘과 그 성전을 '돌 위에 돌 하나 남기지 않고' 부수었다. 당시 유대인들은 예수와 같이 나귀를 타고 앞장서서 나아가는 평화를 향한 용기가 없었던 것이다.

라마에서 들려오는 소리

헤롯은 박사들에게 속은 것을 알고, 몹시 노하였다. 그는 사람을 보내어, 그 박사들에게 알아본 때를 기준으로, 베들레헴과 그 가까운 온 지역에 사는, 두 살짜리로부터 그 아래의 사내아이를 모조리 죽였다. 이리하여 예언자 예레미야를 시켜서 하신 말씀이 이루어졌다. "라마에서 소리가 들려왔다. 울부짖으며, 크게 슬피 우는 소리다. 라헬이 자식들을 잃고 우는데, 자식들이 없어졌으므로, 위로를 받으려 하지 않았다."

마태복음서 2장 16-18절

마태복음서를 대본으로 해서 영화를 만든다면 '연소자 관람가'일까? 아마 그렇지 못할 것이다. 심의위원들은 이 영화에 잔인한 폭력 장면과 욕설이 너무 많다는 이유로 몇 군데를 삭제하지 않는 한 연소자 관람가 등급을 줄 수 없다고 버틸 것이다. 그리고 일견 그들의 주장을 반박할 수 없을 정도로 마태복음서는 많은 폭력 장면들, 폭력에 관련된 언어들을 가지고 있다.

마태복음서로 사실적인 영화를 만든다면, 베들레헴과 그 일대에 사는 어린아이들에 대한 집단 학살을 다루어야 한다. 소반에 얹어져 아직도 피를 흘리고 있는 잘린 머리(14:11)도 나오고, 큰 돌이 사람 위로 떨어져 사람을 가루로 만드는 장면(21:44)도 있어야 할 것이다. 채찍질, 익사, 살해, 돌로 침, 멱살 잡힘, 고문, 언어적 폭력, 짓밟힘을 비롯해 크고 작은 폭력과 관계된 언어와 장면은 일일이 다 인용 구절을 댈 수도 없을 정도로 많다. 그런 구절들만 따로 분류해 읽으면 웬만한 누아르의 잔인성 못지않다. 아니, 마태복음서 이야기 자체가 주인공이 십자가형이라는 끔찍한 죽음을 향해 나아가는 것을 주된 플롯으로 삼지 않는가!

그렇다면 주인공인 예수는 폭력의 희생자일 뿐인가? 어떤 면에서 예수의 언어적 폭력도 심상치 않다. 적대자들을 "뱀들아! 독사의 새끼들아!"(23:33. 3:7 참고)라고 부르는 것을 비롯하여,[35] 자신에게 매달리는 가나안 여인을 향해 '강아지'라고 부르기를 주저하지 않는다(15:26). 그

뿐인가. 사람을 '사탄'(16:23)이라고 부르기도 하며, 범죄할 바에야 차라리 제 눈을 뽑거나, 손이나 발을 찍어 내버리라고 주문한다(18:8-9). 더 나아가 23장은 아예 전부가 자신을 반대하는 서기관들 및 바리새인들에 대한 비판이다. 예수가 제시하는 종말상 역시 불순종한 자들에 대한 물리적 폭력으로 끝맺는 경우가 많다. 예를 들면 이러하다. "생각지도 않은 날, 짐작도 못한 시간에 주인이 돌아와서 그 꼴을 보게 될 것이다. 주인은 그 종을 자르고 위선자들이 벌 받는 곳으로 보낼 것이다. 거기에서 그는 가슴을 치며 통곡할 것이다"(24:50-51, 공동번역개정). 여기서 '자르고'(개역 성서는 '엄히 때리고'로 번역되어 있음)라는 단어는 그리스어 '디코토메오dichotomeo'의 번역인데, 사람의 몸을 '둘로 나누는 것'을 뜻한다.

도대체 마태복음서가 보여주는 이 폭력에 대한 묘사와 폭력성은 어디서 온 것일까? 우리가 이미 살펴보았듯이 마태복음서는 로마의 무력 통치기, 특별히 66~70년 사이에 일어난 유대-로마 전쟁 이후, 그 상흔이 가시지 않은 때에 기록된 일종의 '전쟁 문학'이었다. 앞에서도 말한 것처럼 이 전쟁을 묘사하는 유대인 역사가 요세푸스는 전쟁으로 일어난 화재의 상당수가 희생자들의 핏물로 꺼질 지경이었다고 하니, 그 전쟁의 참상이 어느 정도인지 알

만하다. 마태복음서 기자는 아마도 동족이 흘리는 그 피의 강에 자신의 발을 적신 사람이었을 것이다. 마태가 사용하는 언어의 폭력성은 이를 반영한다. 동시에 마태는 평화와 생명으로 가는 예수 전승을 통해 이를 극복하려 하였다.

인용된 마태복음서 본문은 예수가 탄생할 때 일어난 사건을 기록한다. 그가 태어날 때 유대는 로마가 임명한 헤롯 '대왕'의 지배 아래 있었다. 헤롯은 역사에 기록될 만한 잔인한 인물로 알려져 있다. 그는 자기가 끔찍이 사랑하던 아내를 죽였을 뿐 아니라 자신의 아들들까지 살해했다. 이유는 매우 간단한데, 헤롯 자신의 목숨과 지위에 위협이 된다는 것이었다. 이런 헤롯을 알고 있던 한 로마인은 "헤롯의 아들로 태어나는 것보다 차라리 헤롯의 돼지로 태어나는 것이 더 낫다"라고 조소하기도 하였다. 헤롯은 극심한 공포 속에서 죽었는데, 그는 자신이 죽을 때 아무도 자신을 위해 울어주지 않을 것이라 생각하여 묘안을 짜내기도 하였다. 곧 자신의 임종 즈음하여 유대의 유력한 사람들을 모두 잡아들였다. 그리고 자신이 죽을 때 그들도 함께 죽여 예루살렘이 울음으로 가득 차게 하라고 명령하였다. 헤롯은 자신을 위해 울어줄 눈물이 필요했다.

자식과 부인에 대한 사랑보다 권력에 대한 욕망으로 살아간 사람에게 '유대를 다스릴 유대인의 왕이 태어난 곳이 어디냐'를 묻는 동방박사의 등장은 매우 당혹스러운 것이었다. 이는 유대인의 왕이라지만 정통성이 부족했던 헤롯의 심기를 다시 한 번 자극하기에 충분했다. 헤롯은 순수 혈통의 유대인이 아니었다. 그는 아버지가 유대 지역 남쪽에 있는 이두매 지역 사람이었고, 어머니만 유대인이었다. 사람들은 수군거리며 그의 혈통을 비난했다고 한다. 자신의 권력이 유대인들의 지지가 아니라 로마로부터 왔다는 사실 또한 헤롯의 콤플렉스로 남아 있었다. 그런 그가 새로 태어날 유대인의 왕을 찾아 죽이려 한 것은 지극히 당연한 것으로 보인다. 그 계획이 동방박사들로 말미암아 좌절되자 헤롯은 몹시 노하여 베들레헴 근방에 있는 두 살 아래 아이들을 모두 죽이게 된다.

마태복음서 기자에게 예수의 탄생은 아름다운 크리스마스 캐럴이 아니라 통곡과 비명, 살해의 피와 함께 기억되었다. 마태는 '라마에서 들려오는 소리'를 들으며 예수 이야기를 기록하고 있었던 것이다.

로마 시민의 살맛, 다른 이들의 죽을 맛

글라우디오 루시아는 삼가 총독 벨릭스 각하께 문안드립니다. 이 사람은 유대 사람들에게 붙잡혀서, 죽임을 당할 뻔하였습니다. 그런데 나는 그가 로마 시민인 것을 알고, 군대를 거느리고 가서 그를 구해냈습니다. 사도행전 23장 26–27절

헬라제국을 무너뜨리고 지중해 세계의 패권을 쥔 로마제국은 각 지역에 자국의 법률을 적용하는 것을 원칙으로 삼았다. 기원후 52년 파르티아(지금의 이란 지역) 원정 중에 로마군 사령관 파이투스Paetus는 "정복된 자에게 공세와 법령, 그리고 로마의 법을 부여하게 될 것"이라고 선포했다. 겉으로 이는 공정하고 투명한 법 체제 속에 정복자와 피정복자의 안정과 질서를 도모한다는 명분으로 시

행되었다. 로마의 문필가들은 화려한 수사학을 동원하여 로마가 정복하기 전의 갈리아(지금의 프랑스 지역)는 전쟁과 폭정만이 가득했으나, 로마의 법이 부과된 이후로 안정과 문명을 이루었다고 선전하기도 하였다. 그러나 쉽게 예상할 수 있는 대로, 이런 '공정한' 법의 보호를 받는 이들은 로마 자신이거나 그 세력에 영합하는 '로마의 친구들'이었다. 특별히 로마 군인은 그 '공정한' 법의 최대 수혜자였다. '건강한 육체에 건강한 정신'[36]이라는 말로 유명한 유베날리스Juvenalis는 로마 병사들을 향해 이렇게 말한 바 있다.

"가장 중요한 것은 민간인이 너를 때릴 수 없다는 사실이다. 오히려 병사로부터 얻어맞은 민간인이 이러한 사실을 숨기고, 부러진 이와 시퍼렇게 멍든 얼굴, 그리고 아직까지는 남아 있지만 의사가 치료할 수 없을지도 모르는 눈을 집정관에게 숨길 것이다. 민간인이 처벌을 원한다면, 군화를 신은 자가 심리를 맡게 될 것이며, 긴 배심원석에는 우람한 근육의 배심원[군인]이 앉게 될 것이다."

로마 군대가 이렇게 자신들을 위해주는 '법'의 엄격한 집행자로 자처한 것은 당연하다. 더 나아가 로마 군대는 자신들을 있게 해준 '로마 시민'들을 최선을 다해 보호하려고 하였다.

사도 바울이 긴 선교 여행 끝에 예루살렘으로 돌아왔을 때(행 21장), 그는 예루살렘에 있는 유대인들의 소동 속에서 로마 군인에게 체포되었다. 이때 그는 자신이 로마 시민권자임을 로마의 장교에게 밝혔는데(21:37-40), 이후 로마 군대는 바울을 보호하기 시작했다. 앞에서 인용한 사도행전 23장의 본문은 로마 군대가 로마 시민권자 바울을 유대 군중의 살해 음모로부터 성심성의껏 보호하고 있음을 보여준다. 로마 군대는 바울이라는 로마 시민 한 사람을 보호하기 위해 보병 200명, 기병 70명, 창병 200명을 준비시켰다. 그리고 바울을 호송하기 위한 짐승도 마련하였다(23:23-24).

로마 시민권자들은 세상 참 살맛 난다고 생각하지 않았을까. 또 사람의 가치는 대단히 중요한 것이라고 다시 한번 스스로 확인하지 않았을까. 한 명을 위해 500명에 가까운 군대가 일사천리로 움직이는 그 광경, 자유와 정의가 살아 있는 장관이다. 그러나 신약성서의 독자들은 로마 군대의 실상을 꿰뚫어보고 있었다. 한 명의 로마 시민권자를 위해 새벽 출동을 마다하지 않는 로마 군대였지만, 그들은 또한 갈릴리에서 올라온 예수라는 무죄한

'촌놈 하나'쯤은 이러저러한 이유로 서슴없이 죽일 수 있었다. 물론 이 일은 기원전 71년, 스파르타쿠스의 반란이 진압된 후 일어난 일과 규모면에서 비교할 수는 없을 것이다. 로마의 장군 마르쿠스 리키니우스 크라수스는 스파르타쿠스 반란군 생존자 약 6,000명을 아피아 가도Via Appia 양쪽에 십자가에 못 박았다. 무려 200여 킬로미터에 달하는 거리인데 로마에서 카푸아까지 그 처참한 장면이 이어졌다고 한다. 로마 시민의 살맛은 다른 이들의 죽을 맛을 동반하였다.

종교와 문화

4

예수 운동은 유대교를 비롯한 당대 종교, 문화, 그리고 예언 및 신탁들과 밀접한 관련을 맺고 있었다. 이 장에서는 신약성서의 모태인 유대교에 관해 오늘날에도 만연한 편견을 지적하고, 1세기 유대교 갱신 운동과, 메시아와 관련된 1세기 신탁 및 거짓 예언자와 거짓 그리스도에 대한 신약성서의 언급 등을 살펴보고자 한다.

마태복음서와 유대교

그러므로 나는 너희에게 말한다. 하나님께서는 너희에게서 하나님의 나라를 빼앗아서, 그 나라의 열매를 맺는 민족에게 주실 것이다. (…) 율법학자들과 바리새파 사람들아! 위선자들아! 너희에게 화가 있다. 너희는 사람들이 들어오지 못하도록 하늘 나라의 문을 닫기 때문이다. 너희는 자기도 들어가지 않고, 들어가려고 하는 사람도 들어가지 못하게 하고 있다. 마태복음서 21장 43절; 23장 13절

어떤 의미에서 20세기 후반은 기독교의 유대교 재발견 시기라고 부를 수 있다. 19세기와 그 세기의 영향력이 미치던 20세기 초중반까지 기독교 문명권에서 유대교 및 유대인들은 참다운 기독교(인)에 이르지 못한 열등한 종

교 및 종족으로, 더 나아가 진리를 박해하고 인류를 타락시키는 공적公敵으로 암암리에 혹은 공개적으로 탄압을 받아왔다.

이러한 악화된 이미지가 구축된 데에는 역사적 굴곡의 과정이 있었겠지만, 기독교의 성서가 이런 이미지를 공고히 해주는 정경적 근거로 사용되었음은 부인할 수 없다. 그중에서도 바리새인과 서기관들에 대한 신랄한 비판을 담고 있는 마태복음서 23장과, 유대인을 향한 하나님의 약속이 다른 '열매를 맺는 민족'에게 옮겨졌다고 해석되던 21장의 이른바 '포도원 농부의 비유'는 반反유대교(인) 사상을 보여주는 대표적 본문으로 인식되었다. 그 두 본문은 유대인 및 유대교가 어떤 것인지를 알고 싶어 하는 기독교인에게 일종의 교과서 본문처럼 주어지기도 하였다.

20세기 초중반까지 대다수 신약학자는 마태복음서가 반유대주의와 반셈족주의를 지지하고 있다고 여겼다. 일반적으로 기독교가 취한 반유대주의의 골자는 유대교가 하나님의 은혜를 알지 못하고 자기의 의를 내세우는 자기 의의 종교이며, 율법주의와 위선의 종교라는 것이다. 이와 결부된 반셈족주의는 유대인이라는 종족에 대한 반감으로, 그 반감의 핵심은 유대인들이 하나님의 은

혜와 선택에도 불구하고 그분의 독생자를 알아보지 못했으며, 결국 수많은 선지자와 함께 예수를 십자가에 못 박게 한 '개량 불가능한' 악랄한 종족이라는 것이다. 그러나 이런 유대교 및 유대인 상像이 빗나갔다는 것은 이후 진행된 유대교 연구에서 드러나기 시작했다. 계속되는 연구는 유대교 역시 하나님의 은혜를 강조하는 종교이며, 기존의 선입관대로 율법주의에 매인 종교는 아니었음을 밝혀주었다. 또 마태복음서가 철저히 반대한 집단은 유대인이라는 종족 전체가 아니라 당시 로마 체제에 기생하여 예수를 반대한 유대인 지도자들이었음이 분명해졌다.

마태복음서 23장에 나타난 서기관과 바리새인에 대한 예수의 비판은 실상 마태복음서 저작 당시 유대교 틀 안에서 흔히 찾아볼 수 있는 바리새인 비판과 같은 종류의 것이었다. 마태복음서가 기록될 무렵인 80~100년은 예루살렘 성전의 파괴 이후 여러 유대교 종파가 종교적, 문화적 주도권을 확보하기 위해 경쟁에 들어갔던 시기이다. 이때, 그리고 이후 여러 유대 문헌에서 바리새인들은 종종 격렬한 비판의 대상으로 등장한다. 이는 바리새파 후예들의 영향력이 확대되고 있음을 방증한다. 성전 파괴 후 랍비 유대교가 유대교의 주류가 되는 과정에서 바리새파의 후예로 보이는 랍비들마저도 자신들과 바리새파 사이에 일정한 거리를 형성하고자 하였다. 요컨대, 당시 마태복음서의 바리새인 비판은 다른 유대교 종파들의 바리새인 비판과 크게 다르지 않은 유대교 내부의 비판이었다. 누군가의 말대로 '서로 비슷할수록 더욱 격렬하게 싸울 수밖에 없는' 일이 바로 마태공동체[37]와 바리새파 사이에 벌어졌던 것이다.

마태복음서 21장의 이른바 '포도원 농부의 비유' 역시 유대인 전체를 반대한 비유가 아니다. 이 비유는 '열매를 맺는 민족'인 이방인이 유대인이라는 종족을 대체했다고 말하지 않는다. 이 비유의 초점은 포도원이라는 이스라엘에서 수확한 열매를 주인에게 제대로 바치지 않은 농부들 곧 그 시대 지도자들의 실패를 말하는 데 있다. 마태의 예수는 열매를 제때에 바칠 사람들이 이미 '실패한 농부'를 대체할 것이라고 선언한다. 그 비유의 청중 중에는 대제사장들과 바리새파 사람들이 있었는데, 그들은 예수의 말을 듣고 이 비유가 "자기들을 가리켜 하시는 말씀임을 알아채고 그를 잡으려고 하였다"(21:45-46). 이런 전망에서 보면 '열매를 맺는 민족'은 이방인이라는 종족을 가리키기보다는 유대인의 지도자적 위치에 오르고자 했던 마태공동체 자신들을 암시한다고 할 수 있다.

적지 않은 학자는 마태복음서의 저자였던 마태가 유대인이었으며 마태공동체의 대다수 구성원들 역시 유대인이었으리라고 추측하는데, 이런 추측을 근거로 생각해볼 때 마태 스스로가 유대인 전체를 배척했다고 추론하는 것은 그럴듯하지 않다. 이것은 신약성서 다른 문헌의 경우도 마찬가지이다. 이는 초기 예수 운동의 핵심적 인물들이 거의 모두 유대인임을 기억한다면 당연한 일이라고 할 수 있다. 사도라 불리는 '열둘', 지중해 세계를 선교하였던 바울과 바나바 등 주요한 예수 운동 계승자 절대 다수가 유대인이었다. 이방인의 사도라고 불리는 바울마저도 하나님이 결코 유대인을 버리지 않으셨고, 유대인을 택한 하나님의 선택과 은혜가 결코 실패하지 않을 것이라고 그의 주요 서신인 로마서 9~11장을 통해 힘주어 말한다.

물론 기독교는 유대교와 같지 않다. 기독교의 성공적인 이방 선교는 유대교와는 다른 무엇으로 자신을 생각하게 하는 역사적 기초가 되었고, 예수 전승과 이야기는 랍비 유대교와는 다른 방식으로 하나님과 세상을 해석하고 실천하도록 신앙인들을 독려했다. 그러나 초기 기독교가 유대교를 벗어나고자 하는 방식은 무조건적인 증오와 반대가 아니었다. 기독교는 누군가를 증오함으로써,

무엇에 반대함으로써 성립되는 반反테제 종교로 성장하
지 않았다.

1세기 유대교 갱신 운동

세례자 요한이 광야에 나타나서, 죄를 용서받게 하는 회개의 세례를 선포하였다. 그래서 온 유대 지방 사람들과 온 예루살렘 주민들이 그에게로 나아가서, 자기들의 죄를 고백하며, 요단강에서 그에게 세례를 받았다. 요한은 낙타 털옷을 입고, 허리에 가죽 띠를 띠고, 메뚜기와 들꿀을 먹고 살았다. 그는 이렇게 선포하였다. "나보다 더 능력이 있는 이가 내 뒤에 오십니다. 나는 몸을 굽혀서 그의 신발 끈을 풀 자격조차 없습니다. 나는 여러분에게 물로 세례를 주었지만, 그는 여러분에게 성령으로 세례를 주실 것입니다." 마가복음서 1장 4-8절

예수와 그의 제자들이 활동하던 1세기 팔레스타인에는 다수의 유대교'들'이 있었다. 우리가 그것들을 뭉뚱그려

단수 '유대교'라고 부른다면, 그 당시 유대인들은 그 말에 당혹해 하거나 심지어 모욕감을 느낄 수도 있었다. 물론 1세기 유대인들에게 공통된 신앙적 특징이 없지 않았다. 무엇보다도 그들은 한 분 하나님을 고백했다. 이것은 많은 신들을 섬기는 고대 지중해 세계에서 독특한 것이었다. 유대인들은 이 한 분뿐인 하나님이 자신들의 민족인 이스라엘과 특별한 관계, 곧 계약을 맺고 있다고 믿었다. 그들은 이 계약적 관계가 그들을 다른 민족들과 구분하는 근거라고 생각했다. 유대인들의 이 신앙은 아무런 신상이 없는 예루살렘 성전과 회당이라는 공간 속에서 그들의 경전과 전승들을 통해 제의와 말씀 예배의 형태로 구체화되었다. 1세기 유대교들은 위와 같은 근본 골격을 가지고 있었지만, 대단한 내부 역동성을 갖고 있었다. 이것은 특별히 외부 상황과 연결되었다.

1세기 유대교의 상황은 알렉산드로스 대왕의 정복 과정과 관련되었다. 알렉산드로스는 기원전 300년경 팔레스타인을 정복하였다. 그는 군사적 정복욕뿐 아니라 '우수한' 그리스 문화를 세계에 전하고, 이를 통해 평화와 문명이 넘쳐나는 하나의 거대한 제국을 세우려는 이상을 가지고 있었다. 다시 말해 그는 군사적 정복자뿐 아니라 그리스 문화의 전도사임을 자처했다. 피정복지에서는 그들을 정복한 '우수한' 그리스 문화를 경탄과 흠모를 가지고 받아들여야 했다. 특히 피정복지의 지배층들은 알렉산드로스와의 호의적인 관계가 필수적인 것이었기에 그리스 문화를 받아들이는 데 적극적이었다. 유대 팔레스타인의 경우도 예외가 아니었다. 주전 200년경 알렉산드로스 사후 유대를 실질적으로 다스리던 셀레우코스 왕조의 안티오쿠스 4세는 급진적인 헬라화 정책을 실시했다. 할례가 금지되고, 유대인들이 혐오하던 돼지고기가 성전 제의물로 바쳐져야 했다. 이때 마카베오 가문 사람들이 민중의 지지를 얻고 반헬라화, 반셀레우코스 왕조 전쟁에 나섰다. 이를 마카비 전쟁이라고 흔히 부른다.[38]

국제 정세의 도움을 받아 마카베오 가문은 드디어 성전을 정화하고[39] 유대의 독립을 쟁취했다. 이들은 유대를 다스리는 왕조가 되었는데, 결론부터 말하자면 그들은 자신들이 반대했던 적의 모습을 닮고 말았다. 다시 말해 그들은 유대를 다스리는 헬라화된 왕조로 변모되었다. 그들은 헬라 세계에서 찾아볼 수 있는 왕의 통치 방식을 따랐던 것이다. 이 과정에서 우리가 흔히 듣는 사두개파, 바리새파, 에세네파 등의 고전적 종파들이 탄생하였다. 이들은 각자의 위치에서 헬레니즘과 헬라 제국들에 맞서 자신들의 유대교적 신앙을 새롭게 갱신하고자 했다. 그러나 이들 운동은 또다시 새로운 상황에 처해졌다.

거대했던 헬라 제국을 멸망케 한 세력은 바로 로마였다. 로마는 주전 63년 폼페이우스 장군의 지도 아래 팔레스타인을 점령했다. 로마는 문화적으로 그리스에 의존해 있었기에 로마의 점령은 팔레스타인의 헬라화를 더욱 진행시켰다. 로마는 잔인한 군사력을 통한 정복자였기 때문에 제국 곳곳은 게릴라 전투와 테러, 계속되는 반란에 한시도 조용할 날이 없었다. 로마제국의 지배 아래서 유대인들도 위에서 소개한 고전적인 종파들 외에 여러 민중 운동들을 경험했다. 유대 민중은 이른바 '강도떼'를 형성하여 로마와 그에 부역하는 유대 지도층을 공격하였다. 그 민중 운동의 지도자들은 히브리 성서에 내재되어 있는 민중 해방 전승을 자신에게 적용하면서, 하나님의 통치와 주권 곧 하나님 나라의 임박한 실현을 선포했다.

이들 중 가장 유명한 무력 항거 운동은 갈릴리의 유다라는 인물이 주도했는데, 그는 급진적인 하나님 통치 사상을 내세웠다. 갈릴리의 유다는 로마에 직접 내는 세금이 갖고 있는 신앙적 함의를 동료 유대인들에게 설득력 있게 설명했다. 갈릴리의 유다는 로마를 향한 직접적인 납세가 하나님은 한 분뿐이시고 그분만이 이스라엘의 왕이시라는 신앙을 배반하는 것이라고 주장하였다. 이것은 수많은 민중의 공감을 불러일으켰다. 비록 그의 운동은 성공하지 못했지만, 이후 그의 아들들이 다시 한 번 갈릴리 유다의 사상을 실행에 옮길 수 있었다. 이것은 갈릴리 유다의 사상이 얼마나 유대 민중에게 큰 반향을 불러일으켰는지를 알게 해준다.

'강도떼'와 갈릴리의 유다의 봉기 등은 강한 메시아적 색채를 띤 1세기 유대교 갱신 운동이었다. 이들은 이방 제국 세력에 맞서 자신들의 신앙 전통을 새롭게 하려고 하였다. 예수의 선구자로 신약성서의 주목을 받는 세례 요한과 그의 세례 운동 역시 1세기 유대교의 갱신 운동이라는 범주 안에서 파악될 수 있다. 다만 갈릴리의 유다 등이 물리력이나 무력에 더 많이 의존했다면 세례 요한은 '세례'라는 상징과 성서 전승에 입각한 선포를 통해 민중에게 영향을 끼치고, 그들의 삶을 조직하려 했다. 이와 같은 세례 요한 운동은 흔히 '예언자적 유대교 갱신 운동'으로 불린다. 세례 요한은 매우 유명하고 지속적인 영향력을 끼치는 인물이었음이 틀림없다. 단적으로 당시 다른 운동들은 창시자가 죽으면 대개 그곳에서 끝나기 마련이었다. 그러나 세례 요한의 세례 운동은 그의 사후 1세기를 넘어서 지속되었다. 이것은 그의 선포와 '세례'라는 상징이 가졌던 힘을 보여준다.

요한이 사용한 세례라는 제의는 인류의 심원한 종교적 상징과 관련 맺고 있다. 요한의 세례는 기본적으로 '물'이라는 물질을 사용한 정화 혹은 정결 제의이다. 세계의 여러 종교들을 통해 볼 때, 인간의 정결 혹은 정화는 (실제의 것이든, 그 이미지든) 물이 아니면 불과 관련되어 있다. 요한은 세계의 다양한 종교에 나타나는 이런 집단무의식적인 물과 불에 대한 인류의 느낌을 그의 제의에 이용했다.[40] 또한 요한은 정결에 관한 인류의 공통된 종교적 관심에 호소했다. 인간이 신적인 존재를 향해 나갈 때, 그 신적인 존재는 정결할 것을 인간에게 요구한다. 이 때문에 온갖 법칙들, 규칙들이 생겨났는데, 유대교 역시 예외가 아니었다. 성전의 각종 제사는 정결 혹은 정화와 깊숙이 연관된 것들이었다. 요한은 세례, 즉 '물을 통한 정화'라는 복잡하지 않은, 하지만 인간의 근원적인 종교적 열망을 끌어당기는 제의를 통해 유대인들에게 호소했다. 요한의 세례 운동은 유대인의 종교적, 실존적 핵심을 강타했다. 뿐만 아니라 그의 운동은 시대적 요구에 응답한 것이었는데, 당시 팔레스타인 유대인은 자신들이 살고 있는 더러운 시간과 장소, 그리고 그들을 둘러싼 더러운 사람들로부터 벗어나는 정결을 요구하고 있었다.

헬레니즘의 유입과 로마의 강압적 지배로 인해 많은

유대인들은 '더럽게' 살아야만 한다고 생각했다. 세례 요한이 신랄하게 비판했던 헤롯 안티파스는 로마 황제인 티베리우스의 이름을 딴 도시 티베리아스(디베랴)를 묘지 위에 세웠다. 그것은 부정한 짓이었다. 그는 또한 십계명 중 제2계명, 곧 어떤 형상도 만들지 말라는 계명을 어기고 자신의 궁전에 온갖 형상물을 가져다 놓았다. 또한 복음서에 보도된 대로 그는 형수인 헤로디아와 혼인하였다. 요한은 부정한 사람들과 부정한 곳에서 부정한 시대를 사는 유대인들이 깨끗해져야 한다고 보고, 그것을 자신의 물 세례를 통해 달성하려고 하였다. 이러한 세례 요한의 활동이 단지 종교적인 영역에 국한되어 이해될 이유는 없다. 그가 맞선 상대, 또 그를 죽인 상대가 헤롯 안티파스라는 로마의 봉신왕이라는 점을 기억한다면 그의 활동의 정치성이 충분히 드러나고도 남는다.

세례 요한과 그의 유대교 갱신 운동의 영향력이 컸다는 점도 있지만, 신약성서에 그의 이름과 선포, 그리고 활동 내역이 나와 있는 근본적인 이유는 그가 예수에게 세례를 주었기 때문이다. '예수가 세례 요한에게서 세례를 받았다'는 점은 신약성서의 역사성에 대단히 회의적인 학자들마저도 신뢰성 있는 보도로 받아들인다. 1세기 세례자가 피세례자에게 갖는 우월성, 최소한의 우선성을 감안하다면, 예수의 추종자들은 예수가 세례 요한에게 세례를 받았다는 사실을 숨기고 싶었을 것이다. 그러나 복음서 기자들이 감출 수 없을 정도로 그 사건은 공공연한 것이었다. 따라서 마가를 제외한 복음서 기자들은 나름의 방식대로 예수가 세례 요한에게 세례를 받았다는 사실을 변증하려 하였다. 예를 들어, 마태는 세례 요한이 예수의 명령에 의해 예수에게 세례를 주었다고 밝힌다(마 3:15). 누가는 예수가 세례를 받기 전 세례 요한이 옥에 갇혔다고 보도한다(눅 3:20). 이를 통해 세례 요한이 예수에게 세례를 주었다는 점을 모호하게 만든다. 요한은 아예 예수가 세례를 받은 사건을 보도하지 않는다. 다만, 세례 요한이 자신에게 나아오는 예수를 향해 세상 죄를 지고 가는 어린양(요 1:29)이라고 말할 뿐이다.

예수와 그의 제자의 운동 역시 1세기 유대인들에게 유대교 내의 예언자적 갱신 운동으로 간주되었을 가능성이 높다. 예수는 세례 요한과 마찬가지로 물리적 폭력에 호소하지 않은 대신 선포와 가르침, 그리고 치유를 통해 성서의 해방 전통과 하나님의 신실한 약속을 외쳤다. 곧 예수는 하나님의 의와 나라, 곧 이방 세력 및 불의한 유대인 지도자들에 대한 심판, 하나님의 백성으로서 이스라엘의 회복, 하나님의 통치와 질서의 조속한 도래를 선포했다. 예수의 메시지와 운동은 혁신적인 내용을 담고 있었지만, 당대 유대교 갱신 운동에서 완전히 독특한, 그래서 역사에서 유례를 찾아볼 수 없는 것은 아니었다. 건강한 모태에서 건강한 아기가 태어나듯 예수 운동은 당시 유대인들의 풍부한 전승과 상징에 근거한 바가 크다.

동방박사 이야기의 문화·종교적 정황

그때에 헤롯은 그 박사들을 가만히 불러서, 별이 나타난 때를 캐어묻고, 그들을 베들레헴으로 보내며 말하였다. "가서, 그 아기를 샅샅이 찾아보시오. 찾거든, 나에게 알려주시오. 나도 가서, 그에게 경배할 생각이오." 그들은 왕의 말을 듣고 떠났다. 그런데 동방에서 본 그 별이 그들 앞에 나타나서 그들을 인도해 가다가, 아기가 있는 곳에 이르러서, 그 위에 멈추었다. 그들은 그 별을 보고, 무척이나 크게 기뻐하였다. 그들은 그 집에 들어가서, 아기가 그의 어머니 마리아와 함께 있는 것을 보고, 엎드려서 그에게 경배하였다. 그리고 그들의 보물 상자를 열어서, 아기에게 황금과 유향과 몰약을 예물로 드렸다. 그리고 그들은 꿈에 헤롯에게 돌아가지 말라는 지시를 받아, 다른 길로 자기 나라에 돌아갔다. 마태복음서 2장 7-12절

성탄절이 되면 흔히 떠오르는 이미지 중 하나는 동방 박사가 별을 따라 아기 예수를 경배하러 오는 장면이다. 당시는 오늘날과 같은 학위 체제가 있었을 리 만무한데 동방 '박사'는 도대체 어떤 사람들을 가리키는 말일까?

'박사'는 그리스어 '마고스magos'의 번역인데, '마고스' 는 원래 고대 페르시아의 제사장 직책을 가리키는 말이 었다. 이들은 제사를 주관하였을 뿐 아니라, 철학, 의학, 자연과학 등에 대한 폭넓은 지식을 가지고 있었던 일종 의 지식인들이었다. 이들은 나라의 여러 일들을 자문하 였고, 꿈을 해석했으며 삶의 문제들에 대해 고민하였다. 그러기에 '마고스'라는 호칭은 존경과 지혜를 상징한다. 그러나 이 말도 다른 용어들처럼 훼손되어 쓰이기도 하 였다. 곧 '마고스'는 마술사, 거짓말쟁이, 사기꾼을 가리 키게도 되었다. 사도행전 13장 6절에 보면 바나바와 바울 의 선교 사역을 방해하던 엘루마를 누가는 '마고스'라고 부른다. 이곳에서 새번역은 이를 '마술사'라고 번역하여, '마고스'라는 단어가 쓰이는 한 용례를 드러내 보였다.

별의 움직임이 보여주는 징조가 이 세상에 일어나는 일과 상응한다는 생각에서 발전한 것이 점성학占星學인 데, 이 동방의 마고스들은 점성학도 필수적으로 공부하 였다고 한다. 마태 역시 이를 잘 알고 있었다. 그는 동방

박사들이 별을 보고, 유대인의 왕이 태어날 것을 알았고, 별의 인도에 따라 예루살렘까지 이르렀다고 보도한다. 이때 우리가 오해하지 말아야 할 것이 있다. 마태의 이 언급은 어떤 '별'이 나타나 움직이면서 그들을 인도했음을 의미하지 않는다. 당대 점성학은 12 궁도를 나누고, 그 궁도 안에 있는 행성들의 움직임에 관심을 가졌다. 한 학자는 그 '별의 인도'라는 것이 두 행성, 곧 목성(유피테르)과 토성(사투르누스)이 같은 황경黃經에서 합한 사건을 가리키는 것이라고 추정한다.[41] 그레코-로마 세계에서 목성은 재언할 필요도 없이 신들의 왕인 유피테르의 별이며, 토성은 왕의 별이다. 그 학자에 따르면 당시 점성학에서 목성과 토성이 합쳐지는 것은 새로운 왕의 탄생을 의미한다는 것이다. 이러한 추정은 매우 흥미로운 시사점을 던져준다. 전통적으로 로마에서 황금시대의 도래는 사투르누스의 귀환으로 달성되고, 옥타비아누스의 등극은 바로 이 사투르누스의 귀환으로 칭송되었다. 만약 마태가 황금시대에 관한 이야기를 알고, 별을 따랐다는 것을 통해 목성과 토성이 합한 사건을 의도한 것이라면, 이는 예수를 로마 황제의 대항적 인물로 제시하려는 마태 공동체의 의도가 명확히 드러나는 주요한 장면이라고 할 수 있다.

우리는 또한 박사들이 '동방'으로부터 왔다는 마태의 기록에 주의를 기울일 필요가 있다. 로마제국에서 '동방'은 예언과 신탁이 일어나는 장소였다. 특히 당시 지중해 세계에는 널리 알려진 메시아 신탁이 있었다. 마태 역시 이 신탁에 의존하는 것으로 보이는데, 이 메시아 기대는 '유대로부터 일어난 사람이 권력을 쥐게'(타키투스, 《역사》, 5.13) 되리라는 것이었다. 이는 당시 지중해 전역에 걸쳐 유대인과 이방인 모두에게 있었던 메시아 기대의 한 형태로서, 동방, 특히 유대로부터 일어날 새로운 지도자와, 그가 가져올 로마의 종말에 대한 예언과 신탁에 근거해 있었다.[42] 요세푸스(《유대전쟁사》, 6.313) 역시 이러한 공통의 기대에 대해 말했다. 이 기대는 네로 부활 전설the Nero-redivivus의 형태를 띠기도 하였고(〈시빌 4서〉 4:119-124, 138-139), 유대-로마 전쟁 후에도 계속 유지되었다(〈에스라 4서〉 13; 〈바룩 묵시록〉 40). 베스파시아누스나 도미티아누스가 '다윗의 자손들'을 찾아 심문하고, 죽이려 했다는 보도(에우세비우스, 《교회사》, III.20.1-6)는 '다윗의 자손' 곧 '유대인의 왕가'에서 비롯되는 메시아의 전 세계적 차원의 통치권 주장에 대한 예언과 신탁을 향해 만연해 있는 기대를 입증해준다. 요세푸스는 이 공통의 기대가 베스파시아누스에게서 이루어졌다고 말한다. "그 신탁은 사실 유대 땅에서 황제로 선포된 베스파시아누스의 통치권을 말하는 것이었다"(《유대전쟁사》, 6.312-313). 그러나 마태는 이 기대에 근거해 예수를 '유대인의 왕'으로 선언한다. 이때 그 '유대인의 왕'은 세계를 향한 통치권을 주장하는 왕이다.

헬라 세계에 만연했던 예언, 신탁, 꿈, 전조, 기적, 점성학 등을 로마는 공화정 말기에 들어서서야 자신들의 통치를 정당화하는 이데올로기로 적극 채택했다. 이런 '종교적'인 것들을 통해 로마는 자신들의 세계 지배가 신적 운명이라고 주장했다.[43] 마지막 공화주의자로 불리는 키케로는 로마가 운명의 신Fortuna이 아니라, 군사적이고 정치적인 우월성에 근거해 열등한 족속들을 다스린다고 주장했다(《의무론》, II.27). 그러나 공화주의자 키케로의 시대가 끝나고 제정이 들어설 때, 로마 황제들은 동방에서 유입된 예언이나 신탁을 거부나 무시로써 회피할 수 없었다. 당시 로마의 정황에서 예언이나 신탁은 주변적인 것이 아니었기 때문이다. 따라서 그들은 예언이나 신탁, 꿈 등을 자신들에게 유리한 방향으로 조정하여 선전에 나섰다. 이를 통하여 로마 황제는 참된 세계의 통치자이며, 도시 로마와 로마제국은 영원하다는 것을 주장하였다. 신약성서의 기자들 역시 당시의 이런 '종교적' 정황에 둔감하지 않았다. 그들은 예수를 위해 주어진 예언들을 활용하였고, '동방박사' 이야기는 그러한 활용을 잘 보여주는 하나의 예이다.

동방박사 이야기는 이른바 자연신학의 근거와 한계를 논할 때 즐겨 인용되기도 한다. '진리를 찾는 인간의 지혜는 진리 근처, 곧 예수의 근처에는 도달할 수 있다. 그러나 그 지혜는 언제나 성서 곧 계시에 의해서만 완전해질 수 있다.' 이렇게 해석하는 것이 나름대로 일리가 없지는 않다. 그러나 동방박사 이야기를 통해서 마태가 전하고자 한 것은 유대인의 왕으로 나신 예수가, 유대인과 이방인 모두 고대하던 바로 그 왕이라는 것이었다.

거짓 그리스도, 거짓 예언자

거짓 그리스도들과 거짓 예언자들이 일어나서, 큰 표징과 기적을 일으키면서, 할 수만 있으면, 선택받은 사람들까지도 홀릴 것이다. 마태복음서 24장 24절

우리가 '이단'이라고 부르는 종파들이 있다. 이른바 '정통' 세력에 의해 그렇게 불리는 집단은 대체로 '정통'보다 세력이 약하고, 전통이나 조직보다는 한 개인의 카리스마에 의해 주도되는 경우가 흔하다. 신약성서에서도 '이단'이라는 단어가 등장한다. 사도행전은 바울이 예루살렘에서 체포된 후 여러 차례 법정에서 자신을 변호한 연설을 소개한다. 그중 로마 총독 펠릭스 앞에서 바울은 이렇게 변론한다. "그러나 나는 총독님께 이 사실을 고백

합니다. 그것은 내가, 그들이 이단이라고 하는 그 '도'를 따라 우리 조상의 하나님을 섬기고, 율법과 예언서에 기록되어 있는 모든 것을 믿는다는 사실입니다"(행 24:14). 이때 '이단'으로 번역된 헬라어는 오늘날 영어 'heresy'의 어원이기도 한 '하이레시스hairesis'이다. 이 단어는 종교적 당파나 분파를 의미한다. 당시 '정통' 유대인들에게 '이단'이었던 그 '도'가 서구 역사의 정통으로 자리를 잡은 때는 바울 이후 채 300년도 지나기 전이었다.

마태공동체가 선교하던 때는 물론이고, 예수가 활동하던 때 역시 로마 팔레스타인 지역 곧 유대인들이 주로 거주하던 지역은 역사적 격동기를 지나고 있었다. 이와 같은 위기의 상황에서는 얽히고설킨 문제들을 단번에 해결해줄 메시아나 예언자를 고대하는 열망이 짙어진다. 마태복음서에서는 그 마지막 때에 일어날 거짓 메시아와 거짓 예언자를 경계하라는 교훈이 세 차례(24:5, 11, 24) 거듭된다. 마태의 예수는 그 거짓 메시아와 거짓 예언자들이 제자들을 잘못된 방향으로 이끌 수 있다고 말한다. 이러한 경고는 시의적절한 것이었다. 문헌들에 따르면 적어도 시몬Simon, 아트롱개우스Athrongaeus, 므나헴Menachem, 시몬 바 기오라Simon bar Giora 등의 인물들이 스스로를 왕이나 기름 부음 받은 자 곧 메시아 등으로 주장하며 로마와 유대 엘리트들에 대해 무력 항쟁을 벌였다. 거짓 메시아(메시아는 당대 사람들에게 '왕'을 의미했다)와 거짓 예언자는 단지 유대가 아니라 로마를 위해서도 나타났다.

이미 우리가 여러 차례 언급한 요세푸스는 로마 편에서 있던 거짓 예언자였다. '요세푸스'라는 이름에는 찬사와 오명이 뒤섞여 있다. 최소한 오늘날의 학자들에게 그의 방대한 작품들은 정보의 보고寶庫와 같다. 아마도 그가 없었다면 우리는 신약은 물론 유대-로마 전쟁사에 대해, 1세기 유대교에 대해 지금보다 훨씬 더 빈약한 결과물을 가지고 있었을 것이다. 그러나 그는 살아 있을 때도 논란에, 아니 자신에게 쏟아지는 비난에 응대하며 살기 바빴던 인물이다. 그는 환영받지 못한 변절자였다. 원래 그는 로마에 대항하기 위하여 유대의 군대를 이끌던 유대인 장군이었다. 그러나 후에 황제가 된 베스파시아누스에게 포로로 잡힌 후, 요세푸스는 베스파시아누스야말로 신탁이 말하던 바로 그 메시아라고 선언하였다.

요세푸스는 자신이 포로로 잡힌 과정을 상세하게 보도하는데, 이것은 매우 흥미롭다. 그가 유대 장군으로 로마 군대와 격렬한 전투를 벌였을 때 그의 군대는 로마의 포위에 의해 꼼짝없이 패배하게 되었다. 이때 전투에 나선 유대인들은 이방인의 손에 죽느니 차라리 장렬하게 자결하는 편을 택했다. 요세푸스는 이 자결에 동의하였고, 드디어 자결이 시작되었다. 자결의 방식은 서로를 죽여주는 것이었다. 요세푸스 자신과 다른 한 사람이 남게 되었을 때 요세푸스는 마지막 남은 동료의 거룩한 자결을 도와주었다. 그러나 본인은 정작 자살하지 않았다. 대신 로마군에게 항복하며 나아갔던 것이다. 그리고 유대인 동족에게 설득하기를 야웨 하나님께서 이미 로마의 손을 들어주셨으므로 로마에게 반항하는 것은 하나님께 반항하는 것에 다름없다고 주장하였다. 그의 '거짓 예언'은 이러했다.

> 이제 운명이 모든 곳에서 그들[로마인들]에게 넘어갔다. 여러 나라에 그 순서에 따라 제국의 홀笏을 나누어 주셨던 하나님께서 이제는 이탈리아 위에 임하셨다. (…) 하나님께서는 이 거룩한 장소[예루살렘 혹은 유대]를 떠나셨고, 그대들이 맞서 싸우는 그들 편에 계신다(《유대 전쟁사》, 5.367, 412).

요세푸스의 '거짓 예언'은 일견 들어맞은 것으로 보인다. 그가 메시아로 선포한 베스파시아누스는 네로 사후 어지러운 로마의 정세 속에서도 황제에 등극하였다. 기실 베스파시아누스는 황제의 자리를 두고 다투는 경쟁자들 중에 뛰어난 인물이 아님은 물론이었고, 율리우스 카이사르 가문 곧 클라디우스 가문이 아니었다. 기원후 69년경 요세푸스의 예언이 실현되었을 때, 그는 포로의 신분에서 풀려나서 황제 가문의 후원을 받으며 저술 활동에 전념하였다.

마태의 예수는 요세푸스 같은 거짓 예언자의 예언이 실현되어 놀라운 표징과 기적으로 베스파시아누스와 같은 거짓 메시아가 도래한 때에도 이 세상의 참된 주권자가 누구인지를 잊지 말라고 권면한다. 이런 말씀에 접하면 신앙의 통찰력이 눈에 보이는 현실을 넘어서지 않으면 안 된다는 생각을 갖게 된다. 롱펠로의 〈인생 찬가〉의 한 구절을 떠올린다. "만물은 보이는 그대로가 아니니 They are not what they seem."

예수

5

기독교는 예수라는 인물이 없었다면 성립하지 못했다. 이 장에 실린 글들은 예수의 족보, '예수'라는 이름, '임마누엘', '사람의 아들' 등의 주제를 다룬다. 특별히 그 주제들은 사회정치적 전 망에서 다루어질 것이다. 이러한 전망은 종교적이고 윤리적으 로 편향된 예수 해석을 보완하기 위해 채택되었다. 사회정치적 전망은 그간 우리가 접해온 종교적인 예수상을 반박하기보다 는 보완하여 보다 전체적인 예수 이해를 가능하도록 도울 것이다.

예수의 족보

아브라함의 자손이요 다윗의 자손인 예수 그리스도의 계보
는 이러하다. ⋯ 그러므로 그 모든 대 수는 아브라함으로부
터 다윗까지 열네 대요, 다윗으로부터 바빌론에 끌려갈 때까
지 열네 대요, 바빌론으로 끌려간 때로부터 그리스도까지 열
네 대이다. 마태복음서 1장 1, 17절

아마 사람들이 신약성서에서 제일 많이 보고, 또 보다
가 그만둔 본문이 있다면 마태복음서의 족보일 것이다.
현대인인 우리에게는 족보가 책의 맨 처음에 나오는 것
도 이상하거니와 무슨 책을 이렇게 재미없게 시작하는
지, 마치 전화번호부같이 사람 이름들이 연이어 나오는
데에 의아심이 들지 않을 수 없다. 반상班常 차별에 대한

반발심이 내재해서인지 오늘날의 우리는 족보 운운하는 이웃에게 고운 눈길을 보내기가 쉽지 않다. 그러나 예수 당대 유대인들에게 족보만큼 흥미를 유발하는 문서는 많지 않았다. 족보는 개인보다 집단을 중시하는 고대 근동의 유대인들에게 한 사람의 정체성을 알려주는 흥미 있는 문서였기 때문이다.

돌이켜 생각해보면 족보에 순기능이 없는 것이 아니다. 족보는 '나'라는 존재가 우연히 생겨난 존재가 아님을 깨닫게 해준다. 족보는 내가 나의 가족사를 통하여 존재하는 역사적 존재라는 점을 일깨우며, 가족의 내력을 통해 내가 해야 할 일과 면면히 흐르는 가족의 기풍과 만나게 해준다. 또한 "누가 누구를 낳고"로 되풀이되며 이어지는 어구를 찬찬히 바라보면 이것이 하나님 없는 인생의 전부가 아닌가 싶다. 맹자는 군자가 아닌 사람의 삶이란 식食(먹는 것)과 색色(자식을 낳는 것)에 지나지 않는다고 했다는데, 족보가 알려주는 기막힌 삶의 진실은 "하나님 없는 사람은 살다가 애 낳고 죽는 거구나"이다. 무수한 삶의 질곡 속에 그 사람이 한 것들 중 남을 만한 일은 아이를 낳은 것밖에 없다니! 하나님의 역사 안에 사는 사람만이 그 '애 낳고 죽는 인생'에 의미와 보람을 남길 수 있다는 숨은 교훈이 족보에 담겨 있다.

예수의 족보 역시 유대인 독자들에게 예수가 누구이며, 무엇을 해야 할 분인지를 효과적으로 알려주는 문학적 장치로 이해할 수 있다. 그런데 예수의 족보를 가만히 들여다보면 이 족보가 단지 그 당시의 사람들에게만이 아니라 우리에게도 매우 흥미롭다는 점을 발견하게 된다.

예수의 족보에서 먼저 눈에 띄는 것은 그가 다윗과 아브라함의 자손으로 소개된다는 것이다. 우리말 번역은 '아브라함'과 '다윗'의 순서이나, 헬라어 성서는 "예수 그리스도, 다윗의 자손, 아브라함의 자손의 계보biblos geneseōs Iēsou christou huiou David huiou Abraam"로, 다윗이 아브라함보다 먼저 나온다. 이와 같은 순서를 명기하는 이유는 마태가 예수의 족보에서 다윗을 대단히 강조하기 때문이다. 예수의 족보는 다윗 가계의 족보, 곧 '왕의 족보'이다. '그리스도'라는 호칭을 지닌 예수를 제외하고 오직 다윗만이 이 족보에서 '왕'이라는 칭호를 갖고 있다. 마태는 이새가 다윗 '왕'을 낳았다고 기록하는데(1:6), 엄격히 따지자면 이 기록이 정확한 것은 아니다. 다윗의 아버지 이새는 왕도 아니었던 터라 다윗이 나면서부터 '왕'이었던 것은 아니다. 다윗은 시대를 구분하는 인물(1:17)로도 등장한다. 더 나아가 마태는 예수의 족보를 14대씩 세 시대로 구분하는데, 이 '14'라는 숫자가 '다윗'이라는 이름의 숫자이다. 고전 헬라어나 고전 히브리어는 모두 따로 숫자를 기록하는 문자를 갖지 않았고, 그들의 알파벳을 통해 숫자를 나타냈다. 이때 '다윗'이라는 이름을 나타내는 알파벳이 있는데, 그 알파벳의 숫자를 합하면 '14'가 된다.[44] 다시 말해 '다윗'은 마태의 시대를 14대씩으로 구분하게 해주는 근거 인물이라는 것이다. 다윗은 잘 알다시피 이스라엘의 이상적 왕으로 칭송받았다. 다윗의 시대는 이스라엘이 자주와 번영을 누리던 시기였다. 이를 통하여 마태복음서 기자는 이 족보가 왕의 족보이며, 예수께서 유대인 왕가의 혈통이라고 주장한다. 당시 유대인들은 이와 같이 구성된 예수의 족보를 통해 예수가 왕가의 혈통을 타고났으며, 세상을 통치할 왕의 역할을 담당할 인물이라고 생각하게 된다.

이렇게 정리하는 순간, 족보는 이내 이러한 '정리'를 부정하게 한다. 1장 6절을 보면 우리는 대단히 이상한 지점에 다다르게 된다. 이새는 다윗 '왕'을 낳았는데, 다윗은 '우리야의 아내'에게서 솔로몬을 낳았다는 것이다. 다윗이 '다윗의 아내'에게서 솔로몬을 낳아야지, 왜 '우리야의 아내'에게서 솔로몬을 낳았다는 것인가? 우리는 다윗과 밧세바, 그리고 다윗의 충직한 장군 우리야에 얽힌 이야기를 알고 있다. 그렇지만 왜 하필 다윗을 한껏 칭송하는 족보에 다윗의 결정적인 치부가 소개되고 있는 것일까?

다윗을 다루는 마태를 보고 있으면, 또 다른 의문들이 줄기차게 달려든다. 왜 그렇게 왕의 족보를 말하면서, 왕가로서 가장 어렵고 수치스러운 일, 곧 바벨론 포로를 또 다른 시대 구분으로 적시하느냐는 것이다(1:17). 요시야라는 걸출한 왕의 이름만을 두고 세대를 구분해도 될 텐데, 왜 바벨론 포로, 다시 말하면 왕국의 완전한 멸망 사건을 거론하는가이다. 바벨론 포로 이후 다윗 왕조는 다시 부활하지 못하였다. 이것뿐이 아니다. 눈을 다시 한 번 돌리면 이 족보가 문제투성이임을 발견하게 된다. 무엇보다 '정상적이지 않은' '여성들'이 등장한다. 원래 유대인의 족보는 남성들을 중심으로 기록되는 것이었다. 그런데 이 족보에는 여자들이 하나도 아니고 다말, 라합, 룻, 우리야의 아내(밧세바) 등 총 네 명이 등장한다. 거기다가 예수의 아버지인 요셉을 소개하는 데 "마리아의 남편 요셉"(16절)이라고 되어 있다. 아내의 이름을 빌려 남편을 소개하는 것은 오늘날에는 아주 흔치 않은 일은 아니지만, 그렇게 소개받는 남편이 달가워하지는 않을 것이다. 가부장주의가 확고한 예수 시대에 "마리아의 남편 요셉"은 결코 쉽게 찾아볼 수 있는 표현은 아니다.

예수의 족보는 또한 족보의 중요 이데올로기인 혈통주

의를 흐리고 있음을 알 수 있다. 족보는 본디 '순수혈통'
에 대한 집착을 보여주는 것이다. 게다가 유대인들의 혈
통에 대한 집착이 얼마나 대단한지는 이미 널리 알려져
있는데, 등장하는 여인네들은 모두 이방인 혹은 이방의
배경을 가진 여인들이었다. 설상가상으로, 그 여인들은
평안한 가정 생활을 꾸리지 못한 이들이다. 다말은 시아
버지 유다 사이에서 베레스와 세라를 낳았고, 라합은 여
리고의 기생이었으며, 룻은 사별 후 시어머니의 '지도 아
래' 보아스를 만났다. 무섭고도 우스운 건 역시 다윗이 이
방인이었던 우리야의 아내에게서 솔로몬을 낳았다는 구
절이다.

이쯤 되면 도대체 이 족보가 무엇을 위한 족보인지, 도
대체 마태는 왜 이런 족보를 처음부터 내놓는지 아리송
하기 마련이다. 당대 족보학에 일가견을 보였을 정통 유
대인들에게 이 족보는 무엇이었을까? 이 족보는 족보가
마땅히 지녀야 할 가부장주의(남성우월주의), 순수혈통주
의, 엘리트주의, 권위주의에 잇닿아 있기도 하고, 동시에
그와 결별하기도 하며 우리를 혼돈으로 몰아넣는다. 마
태는 다윗 '왕'을 의도적으로 대단히 강조하면서, 다윗의
치부를 드러내는 것은 물론 다윗 왕조의 완전한 멸망 사
건인 바벨론 포로 사건을 병기倂記한다. 족보의 가부장주

의를 꾸준히 지키는 듯하다가 이내 전복적인 여인들을 끼워 넣는다. 왕들이 등장하는 반면 거리의 여자인 기생이 나오기도 한다. 혈통을 기본적으로 강조하면서도 동시에 예수가 이방 혼종임을 밝히기도 한다.

의문투성이의 족보를 가만히 들여다보면, 우리는 마태가 이 족보를 통해 예수 사역의 본질을 전하고자 함을 알 수 있다. 앞으로 전개될 예수의 사역은 결코 혈통주의에 매이지 않으나 유대인을 경시하지 않을 것이다. 예수는 왕으로서 일할 것이지만 그의 왕적 지배는 다윗 가문의 통치 같은 것이 아니다. 그는 남자를 멸시하지 않겠지만, 여인들을 동등하게 대우할 것이다. 예수는 기존의 도덕 관념 속에서 운신의 폭을 제한하지 않을 것이며, 예수의 구원은 당시의 역사적인 도덕과 윤리 관념 넘어 이루어질 것이다.

또한 마태는 이 족보를 통해 궁극적으로 예수의 사역 배후에 활동하는 하나님에게 독자들의 이목이 집중되도록 한다. 독자들은 인간에게 언약의 은혜를 베풀고, 인간의 죄악과 실패에도 불구하고 그 언약의 목표를 위하여 신실하게 역사를 몰아가는 하나님을 발견한다. 족보는 말한다. 다윗 왕을 자랑치 말라. 그는 연약한 하나의 인간일 뿐 그를 세우고, 또 거두어가는 분은 하나님이시다. 남자들의 역사를 보며 교만치 말라. 하나님이 쓰시는 여인들을 통해 너희의 삶을 이어졌다. 우월한 혈통에 우쭐하지 말라. 너희는 하나님이 들어 사용하신 이방 여자 여리고 기생의 자손이다. 엘리트임을 선전하지 말라. 하나님의 긍휼을 입은 떠돌이 과부가 없었으면, 너희의 생도 없었다. 정결을 떠들지 말라. 너희는 '우리야의 아내'를 빌려 낳은 사람들이다. 인간 사이의 예禮를 운운치 말라. 시아버지를 꼬드긴 며느리를 통해 하나님이 그분의 뜻을 달성하신다. 예수의 족보는 세상의 질서와 선입관을 흔들며 이 땅에 침노하는 하늘나라의 모습을 단적으로 보여준다.

'예수'라는 이름 [45]

마리아가 아들을 낳을 것이니, 너는 그 이름을 예수라고 하여라. 그가 자기 백성을 그들의 죄에서 구원하실 것이다. 마태복음서 1장 21절

마태는 '예수'라는 이름 뜻을 알려주는 유일한 복음서다. '예수'는 "자기 백성을 그들의 죄에서 구원할 것이다"라는 뜻을 지니는데, 이 이름 뜻이 무엇을 의미하는지에 대해서는 해석이 분분하다. 이 이름에 대한 전통적인 주석은 종교적이고 도덕적인 것이다.

예수는 그의 백성을 '그들의 죄에서' 구원한다. 이는 메시아의 구원의 종교적이고 도덕적인 ― 정치적인 것과 반대되

는—성격을 강조한다. 해방은 하나님과 인류 사이에 놓여 있는 죄의 장벽을 제거하는 것이다. 어떤 것도 압제하며 지배하는 세력들로부터의 자유를 말하지 않는다.[46]

그러나 이러한 해석은 시대착오적으로 종교 및 도덕과 정치·사회를 이분법적으로 구분한다. '죄로부터의 구원', '죄의 소멸' 등은 일견 종교적이고 도덕적으로 보이지만, 1세기 그레코-로마 세계에서 이러한 말들은 다분히 정치적이고, 군사적인 의미 역시 띠고 있었다.[47] 단적인 예로, 로마의 초대 황제가 되어 '아우구스투스'라는 호칭을 얻게 되는 옥타비아누스는 자신의 지배를 정당화해주는 가장 주요한 이데올로기들 중 하나로 자신이 "로마를 죄로부터 구원한다"라는 것을 내세웠다.

아우구스투스 지배 때 궁정 시인이자 이데올로그였던 베르길리우스Vergilius와 호라티우스Horatius 등은 젊은 옥타비아누스의 등장을 전후하여 그의 등극의 정당성을 자신들의 작품을 통하여 널리 전했다. 그들에 따르면 옥타비아누스는 이른바 황금시대를 회복해야 하는 운명을 타고났다. 그런데 이 황금시대는 바로 '죄(스켈루스Scelus)'를 없애야 도래할 수 있다.

로마 종교에서 '스켈루스'는 단순히 윤리적으로 잘못

154

된 행동 이상을 의미한다. 이것은 신들의 분노를 자극하는 위반을 일컫는다. 따라서 속죄의식piaculum이 없다면 신들은 이 스켈루스에 대해 보복을 준비한다. 아우구스투스는 황금시대를 가져오기 위해 평화를 회복해야 할 뿐 아니라, 스켈루스를 없애야만 하는 의무를 짊어진다. 이때 베르길리우스는 옥타비아누스가 악티움 해전에서 승리한 것을 스켈루스의 제거와 밀접히 관련시킨다. 여기서 스켈루스는 내전과 관련된 악한 것들이며, 악티움 해전의 승리는 스켈루스로부터의 구원을 의미한다. 이는 그 전 율리우스 카이사르가 살인, 내전 등의 결과로 자연과 인간 사회를 황폐화시킨 스켈루스를 제거하는 일이었다. 베르길리우스는 이미 저주받은 자들의 지난 죄들을 위한 피가 충분히 뿌려졌기에 더 이상의 속죄제사가 필요 없다고 말하면서, 카이사르의 후손인 옥타비아누스가 이 세대를 구원하기 위해 올 것이라고 말한다.

전통적인 제의는 더 이상 신들을 달래는 데는 충분하지 않다. 곧 한 젊은 사람이 죄의 결과로부터 나라를 구원하기 위해 필요하다(베르길리우스,《농경시》, i. 501-2).

호라티우스 역시 옥타비아누스가 죄로부터 구원해줄

구세주라고 말했었다.

여기서 아우구스투스가 구세주로 등장한다. 유피테르는 그
에게 죄를 속죄하는 역할을 부여하였다. 로마 민중들은 아우
구스투스 없이 아무 일도 할 수 없으며, 만약 그렇게 될 경우
로마 민중은 스켈루스에 휩싸일 것이다.[48]

이후 로마 황제는 스켈루스라는 인간과 행복 사이에
놓인 장애물을 극복하였다고 찬양되었다. 그레코-로마
세계에서 전쟁은 죄의 대가이며, 전쟁의 종식은 단지 군
사적인 문제만이 아니라 속죄를 위한 종교적 문제이기도
했던 것이다. 이와 같이 그레코-로마 세계에서 죄와 그로
부터의 구원을 단지 종교·도덕적인 범위에 국한할 이유
는 없다. 예수의 구원의 대상인 '그의 백성'과 그들이 매
여 있는 '그들의 죄' 역시 종교적, 도덕적 범주에 국한할
근거가 없다.

1장 21절에서 예수가 사하기로 되어 있는 '죄' 곧 '하
마르티아hamartia'라는 말도 죄뿐 아니라 '악'을 지칭하는
단어다. 구약과 신약의 중간기 유대 문헌인 〈솔로몬의 시
편〉이 단적으로 증명해주듯 '하마르티아'는 하나님을 향
해 개인 혹은 집단이 저지른 잘못된 행동, 그리고 이 결

과로 일어난 전쟁을 뜻한다("우리[이스라엘]가 저지른 '하마르티아'[죄 혹은 악] 때문에 죄인[외국]들이 일어나서 우리를 공격하고 추방했습니다. 주님께서 약속하지 않으신 사람들이 강제로 우리를 강탈하고, 주님의 영광스러운 이름을 영화롭게 하지 않았습니다." 〈솔로몬의 시편〉 17:5). 따라서 하나님의 구원은 외세의 압제라는 '악'으로부터 이스라엘의 해방을 뜻하기도 한다("그러나 하나님, 주님께서는 우리 민족과 다른 사람이 반기를 들었을 때 그들을 무너뜨리시고 그들의 씨를 땅에서 없애버리셨습니다. 하나님, 당신은 그들의 죄에 따라 그들에게 갚으셨고, 이는 그들의 행위에 따라 그들에게 일어난 일이었습니다." 〈솔로몬의 시편〉 17:7-8).

또한 1장 21절의 배경으로 지목되는 시편 130편은 '그의 백성을 그들의 죄로부터 구원'하는 것이 개인 및 민족 전체를 포함하고 있음을 확인해준다. 시편 130편은 개인의 죄에 대한 용서를 구하는 데서 출발하여 민족의 죄에 대해 사유赦宥하심을 소망하는 시다. 민족의 죄를 용서해달라는 청원은 그 죄 때문에 벌어진 이집트 혹은 바벨론의 점령 현실을 이제 그만 끝내달라는 청원이었다. 한동안 세계의 주목을 받았던 우리의 민중신학의 빛나는 통찰 가운데 하나는 개인적, 종교적, 도덕적 죄와 사회적, 정치적 악 사이의 명확한 경계선은 존재하지 않는다는 것이었다.

예수의 구원의 대상인 '그의 백성'은 전통적으로 마태의 '교회'를 가리킨다고 이해되었다. 그러나 최근 '그의 백성'이 누구인가에 대한 대다수 주석가들의 견해는 다른 곳으로 옮겨갔다. '백성'으로 번역된 헬라어 '라오스 laos'는 마태복음서 전체를 통해서 구약의 하나님의 백성인 이스라엘을 가리키며, 특히 1장 21절의 전후 문맥인 족보와 2장 2, 6절은 예수의 백성이 하나님의 백성인 이스라엘을 의미함을 보여준다.

한마디로, 1장 21절은 예수가 그의 백성 이스라엘을, 바벨론 포로를 가져온 그들의 죄들로부터 구원할 것임을 말한다.[49] 이는 실제적으로 로마 지배의 종식과 분리하여 생각할 수 없다. 로마는 현재의 바벨론이기 때문이다. 이러한 예수의 죄 사함은 로마의 지중해 지배를 공고히 하고 확대하는 로마 황제의 죄 사함과 맞서 있다. 다시 말해, 로마 황제의 죄 사함이 로마제국의 안정과 번영을 가져온 것이라면, 예수의 죄 사함은 로마제국의 종국을 불러오는 것이다.

일반적으로 말해서, 신약성서 시대에는 종교와 정치를 나누는 법을 알지 못했다. 오늘날 예수의 삶을 종교, 도덕 혹은 윤리의 테두리 안에 가두는 것이 오히려 대단히 정치적인 발상에서 비롯되었다. 우리가 신앙인으로 오늘날

의 구체적인 사안에 대해서 어떤 정치적 견해를 갖느냐
를 성서에서 직접 끌어올 수는 없을 것이다. 그러나 성서
의 해석 범위를 의도적으로 줄이는 것은 적절한 해석 태
도라고 할 수 없다. 어떤 식으로든 정치 참여가 불가피하
다면 우리는 성서를 통해 신앙인의 정치 참여가 어떠해야
하는지를 심사숙고해야 한다. 흔히 '원칙'이라고 내세우
는 정교분리 역시 하나의 종교적, 정치적 견해일 뿐이다.

임마누엘

"보아라, 동정녀가 잉태하여 아들을 낳을 것이니, 그의 이름을 임마누엘이라고 할 것이다" 하신 말씀을 이루려고 하신 것이다. (임마누엘은 번역하면 '하나님이 우리와 함께 계시다'는 뜻이다.) 마태복음서 1장 23절

마태복음서 1장에서 '예수'와 함께 예수의 정체를 알려주는 또 다른 중요한 이름은 '임마누엘'이다. 고대 지중해 세계에서 이름을 안다는 것은 바로 그 사람의 정체를 안다는 것이다. 그러기에 마태가 탄생 이야기에서 태어날 아기의 이름들을 소개하는 것은 마태가 이해하는 예수를 여실히 파악하기 위해 중요하다. 아기는 '임마누엘'(하나님이 우리와 함께한다)로 불릴 것인데, 이 '임마누엘'은 처음

(1:22-23), 중간(18:20), 마지막(28:20)에 각각 등장하여, 마태복음서의 구조를 관통한다. 그런데 이와 같이 나오는 '임마누엘'은 과연 1세기 마태의 청중들에게 어떤 의미의 분광층을 가질까?

1세기 유대인들에게 '임마누엘'이라는 말은 이사야서 7-9장에 나온 임마누엘 사상을 떠오르게 할 것이다. 이사야는 유대의 죄로 빚어진 제국의 침략을 앞두고 하나님의 약속을 대언한다. 하나님은 유대가 죗값을 치른 후 태어날 한 아기를 통해 다윗 가계를 이어 영원한 다윗 왕조를 세울 것이며, 하나님의 백성을 위협하는 제국의 세력을 멸망케 하리라고 약속한다. 이사야서의 임마누엘은 하나님의 구원 사역을 거절하는 유대의 죄, 하나님의 심판의 도구인 폭력적 제국, 한 아기의 탄생, 그리고 그 폭력적 제국으로부터의 하나님의 자기 백성의 구원 같은 주제와 얽혀 있다.[50] 마태는 이사야서의 임마누엘과 그것이 속한 문맥을 함께 가져와 다윗의 자손인 예수를 '임마누엘'로 소개함으로써, 예수가 이스라엘의 죄로 인한 바벨론 포로생활을 끝내고 이스라엘을 회복할 사람이라고 암시한다. 이것은 앞 글 〈'예수'라는 이름〉에서 소개한 '예수'의 임무와 '임마누엘'의 사명이 근본적으로 다르지 않다는 것을 보여준다.

'임마누엘'은 또한 1세기 유대인들에게 이사야서 7-9장과 함께 로마 황제를 위한 선전 문구를 기억하게 할 것이다. '임마누엘'이라는 이름에 대한 마태의 풀이는 '하나님이 우리와 함께 계신다'이다. 이는 임마누엘로 불리는 사람이 하나님의 현현임을 의미한다. 다시 말해 임마누엘은 구체적인 한 사람을 통해 하나님이 활동하며, 그가 신의 대리자임을 의미한다. '임마누엘', 곧 신적 현현에 대한 주장이 이사야서의 맥락에서 종교적 맥락에 국한된 것이 아니듯, 1세기 그레코-로마 세계에서 신적 현현deus praesens(에피파네스epiphanēs)에 대한 주장 역시 종교적 영역보다는 정치적 정황에서 익숙한 것이었다. 신적 현현을 의미하는 '에피파네스'는 이미 이집트의 프톨레마이오스 5세부터 왕을 위한 공식적인 칭호로 사용하였다. 이후 시리아 왕조의 안티오쿠스 4세는 이것을 '테오스theos'(신)와 함께 사용하였고, 로마 황제들 역시 이 칭호로 불렸다. 예를 들어 클라우디우스를 새긴 한 조상彫像에는 다음과 같은 문구가 박혀 있다.

티베리우스 클라우디우스 카이사르 구원자 게르마니쿠스 신의 현현 우리 민족의 구원자Tiberion Klaudion Kaisara Sebaston Germanikon, Theon epipanē, sōtera kai tou hemeterou dēmou

마태복음서 기록 시기에 로마 황제였던 도미티아누스 역시 '신의 현현deus praesens'이라고 칭송되었다(스타티우스,《숲》, 5.2.170). 특별히 흥미로운 것은, 로마 황제에게 에피파네스는 주로 탄생이나 황제 등극을 기리기 위한 칭호였다는 점에 있다. 이를 감안하면 마태가 탄생 이야기에서 예수를 '임마누엘'로 묘사한 것은 의도적이었다고 할 수 있다. 마태는 진정한 '신의 현현'은 예수의 탄생에서 일어났음을 주장하려 하였다. 1세기 마태의 청중들은 이스라엘 야웨의 현현인 예수와 로마 유피테르의 현현인 로마 황제의 대립되는 탄생을 앞에 두고 누가 진정한 신이며, 신의 현현인지를 선택해야 했다.

희망의 이름

정의가 이길 때까지, 그는 상한 갈대를 꺾지 않고, 꺼져가는 심지를 끄지 않을 것이다. 이방 사람들이 그 이름에 희망을 걸 것이다. 마태복음서 12장 20-21절

정의, 승리, 희망. 이제는 그 단어들만으로는 우리들의 가슴을 벅차오르게 하지 못한다. 우리는 '정의사회 구현'의 시대도 살았고, '위대한 국민의 승리'도 맛보았다. 그러나 '희망의 21세기'에 들어서서 우리는 무덤덤함과 더불어 냉소를 얻었다. 우리는 '누구의' 정의, '누구에게 이익이 돌아가는' 승리, '누가 바라는' 희망인가를 보다 정확히 물어야 한다는 것을 깨달았다. 위의 마태복음서 본문은 구약을 인용(이사야 42장 3-4절)하여 예수가 승리에 이

를 때까지 정의를 시행할 것이며, 이에 이방인들이 그 이름에 희망을 걸 것이라고 말한다. 이 선언을 로마제국의 선전을 배경에 두고 읽으면, 마태가 강조하는 것이 '예수'의 승리, '예수'의 정의, '예수'의 희망임을 알게 된다.

로마제국의 황제들은 물리적으로 강력한 압박을 가했을 뿐 아니라 이념적인 정당성을 확보하는 데에도 많은 노력을 기울였다. 물론 이런 노력을 기울인 것은 군사적 압제보다는 이념적 설득을 통하여 자발적 복종을 이끌어내는 방법에 더 적은 비용이 들었기 때문이다. 마태복음서 저작 시기 로마제국의 주화에는 "아우구스투스의 승리VICTORIA AVGVSTA"라는 구문이 계속해서 등장한다. 이 구문이 새겨진 주화는 제국의 이념적 선전, 곧 승리의 여신 빅토리아Victoria와 행운의 신 펠리키타스Felicitas는 황제를 따라다니며 그에게 복을 주고 '영원히 승리하는 황제'로 만든다는 선전과 함께 제국 전역을 누비고 다녔다.

황제의 승리는 제국의 평안Salus을 가져온다고 찬양되었다. 그리하여 로마의 승리의 여신인 빅토리아와 평안의 여신인 살루스Salus는 공식적으로 공동의 기념일을 가진 채로 황제의 위대함의 근거가 되어주었다. 승리와 평안을 가져오는 황제이기에 그에게는 또 다른 신, 곧 희망(스페스Spes)이 함께하는 것이 분명하다고 여겨졌다. 마침내 플라비우스 왕조에 이르러서 빅토리아, 살루스, 스페스 신은 함께 묶여 찬양되었다. 주화의 문구에도 "아우구스투스의 희망SPES AVGVSTA"이 빈번히 등장한다. 특히 유대-로마 전쟁을 승리로 이끌고 로마의 내전을 종식시킨 베스파시아누스 때, 이 '희망'의 문구가 새겨진 주화는 로마제국 전역을 돌아다녔다. 로마의 이데올로그들은 베스파시아누스가 인류의 소망을 실현했다고 찬양했을 뿐 아니라 심지어 기존의 소망을 넘어서는 구세주라고 칭송하였다. 그중 로마의 시인 스타티우스는 베스파시아누스의 아들 도미티아누스가 원숙해진 후 그를 "Magne parens… spes hominum", 곧 "위대한 아버지… 인류의 소망"이라고 찬양했는데, 도미티아누스는 통치 기간 내내 자신도 지키지 않는 '정의'를 대단히 강조한 황제였다. 이 황제의 통치 시기에 마태복음서가 기록되었다.

마태는 황제의 정의, 승리, 희망에 대한 선전을 주화에서, 비문에서, 황제 제의에서, 갖가지 공식적인 모임에서 보았다. 그러고는 분명 고개를 가로저었을 것이다. 황제의 정의는 부정의 위에 세워진 정의이고, 그의 승리는 다른 이들의 처참한 패배가 있고서야 가능한 승리였다. 그의 희망은 다른 이들의 절망 위에 세워진 것이다. 마태는 황제 대신 예수의 정의, 승리, 희망을 선언한다. 그 정의는 약자를 향함으로써 부정의를 몰아내는 정의이며, 그의 승리는 하나님의 종말론적 역전이다. 그러기에 예수의 통치는 타민족의 통치를 거부하는 '이방인'들에게도 희망이 된다.

이제 '그들만의' 정의와 승리에는 진저리 칠 정도로 이력이 났다. 그러니 가만히 앉아 소망을 둘 예수의 이름을 불러본다. 그리고 그 이름에 헌신한 사람들에게 소망을 둔다. "우리의 희망은 거대한 사업 성취나 혹은 신령한 사업 헌신에 있는 것이 아니라 진실한 인물의 출현에 있다. 그가 아무 사업도 성취한 것 없이 그리스도와 같은 나이에 세상을 마친다 할지라도 참 의미에서 하나님을 믿고, 하나님과 함께 걸으며, 함께 생각하고 일하는 자라면 우리의 희망이 전혀 그에게 달렸다"(김교신, 〈조선의 희망〉 중에서).

사람의 아들

인자가 자기 아버지의 영광에 싸여, 자기 천사들을 거느리고 올 터인데, 그때에 그는 각 사람에게, 그 행실대로 갚아줄 것이다. 내가 진정으로 너희에게 말한다. 여기에 서 있는 사람들 가운데는, 죽음을 맛보지 않고 살아서, 인자가 자기 왕권을 차지하고 오는 것을 볼 사람들도 있다. 마태복음서 16장 27-28절

어쩐 일인지 일부 사람들은 예수를 '사람의 아들'로 부르기를 좋아한다. 우리나라 유명 소설가는 그 제목으로 소설을 내놓기도 했고, 이른바 종교가라는 사람들 역시 '사람의 아들'이라는 칭호에 애정을 가진다. '하나님의 아들'이라는 칭호가 예수의 신성을 강조하는 반면 '사람의

아들'이라는 칭호는 예수의 인성에 방점을 둔다고 생각하는 것일까? 그래서 '사람의 아들'에서 묻어나는 예수의 인간적 고뇌와 아픔을 느낄 수 있기 때문에 그 호칭에 더 인정이 끌리는 것일까? 사실 예수는 자신을 일컬을 때 '사람의 아들' 외에 다른 것을 좀처럼 사용하지 않았다. 그만큼 예수 자신도 '사람의 아들'을 아꼈다는 방증일 텐데, 문제는 예수가 '사람의 아들'이라고 자칭할 때 무엇을 의미했는가이다.

'사람의 아들'을 이해하고자 할 때 그것이 구약의 두 배경 중 어느 문맥에 놓여 있는가를 따져보는 일이 결정적이다. 하나는 에스겔서다. 하나님은 선지자 에스겔을 93번에 걸쳐 '사람의 아들'이라고 부른다. 그 부름은 하나님의 하나님 되심과 인간의 인간 됨을 명확히 깨닫게 해준다. 하나님은 하나님이시다. 그분은 영원하시며, 주권에는 한계가 없고, 지혜는 사람의 이해력이 도저히 미치지 못할 곳에 가 있다. 반면, 사람은 한낱 들풀에 지나지 않으며, 그 영광이래야 들풀의 꽃과 같다. 하나님은 에스겔을 '사람의 아들'이라고 부르며, 에스겔을 비롯한 사람들에게 자신의 위치가 무엇인지를 알려준다.

다른 한편, '사람의 아들'의 배경이 되는 구약 본문은 다니엘서, 특별히 7장 13~14절이다. 여기서 등장하는

'사람의 아들'은 마지막 심판이 있은 후에 하나님으로부터 온 우주의 통치권을 넘겨받은 신적 존재이다. 그에게는 권세와 영광, 그리고 왕권이 주어지며, 영원한 나라가 그의 것이다. 모든 사람은 그의 판결 앞에 서 있다.

그렇다면 위의 두 구약적 배경 중 어떤 것이 신약성서에 나타난 '사람의 아들'과 같을까? 대다수 신약학자는 다니엘서를 예수가 사용한 '사람의 아들'을 이해하는 배경으로 주저 없이 꼽는다. 그도 그럴 것이 복음서에 등장하는 관련 구절들을 면밀히 검토하면, 그곳에 등장하는 '사람의 아들'은 바로 하나님과 같은 존재로서 인간의 죄를 사하고(마 9:1-8), 하나님의 왕권을 가지고 세계를 심판하며(마 16:27-28), 하늘과 땅의 모든 권세를 가지고 세계를 향해 명령하는(마 28:18-20) 자임을 알 수 있다.

그러나 예수, 그 '사람의 아들'은 다니엘서를 가지고서도 다 이해되지 않는 부분이 있다. 그는 앞으로 누릴 권세뿐 아니라 현재에 행사하고 있는 능력에도 불구하고 고난의 중심에 서 있다(마 17:22-23). 인자는 인류의 심판자가 되기 전에 인류를 위해 자기 목숨을 대속물로 내놓는다. 그는 사람들을 다스리기 전에 자신이 종으로서 먼저 섬긴다(마 20:25-28). 한마디로 말하자면, 그는 '하늘에서 내려온 자'(요 3:13)로 영광을 받을 자다(요 6:62). 그러나 이 땅에 있을 때 그는 영광 중 고난에 살고, 고난을 그의 영광의 실마리로 삼았다.

'사람의 아들'은 일반의 오해와는 달리 예수의 인성을 강조하는 칭호가 아니다. 따라서 '사람의 아들'이라는 칭호를 두고 예수의 인성을 상상하며 누리는 문학적, 신앙적 낭만은 근거 없는 것이다. 그러나 '사람의 아들 예수'의 신적 영광과, 동시에 그 '사람의 아들'이 겪는 고난이라는 역설적 진실이 주는 깊은 감동은 '사람의 아들'에서 애써 예수의 인간적 면모를 찾으려는 서푼짜리 낭만을 멀리 건너뛴다.

예수의 치유

해가 져서 날이 저물 때에, 사람들이 모든 병자와 귀신 들린 사람을 예수께로 데리고 왔다. 그리고 온 동네 사람이 문 앞에 모여들었다. 그는 온갖 병에 걸린 사람들을 고쳐주시고, 많은 귀신을 내쫓으셨다. 마가복음서 1장 32-34절

병 고침을 포함한 이른바 예수의 기적을 설명하려 한다면, 당장에 나오는 두 가지 질문부터 해결해야 한다. 첫 번째 질문은 다음과 같다. "정말 예수님이 기적을 행하셨나요?" 실증적 학풍을 지닌 학자라면 다음과 같이 대답할 것이다. "안 봐서 모르겠습니다." 그러나 적지 않은 학자는 예수가 당대 사람들이 보기에 기적적 행동을 한 것이 분명하다고 생각한다. 소위 '바알세불 논쟁'은 가장 강력

한 성서적 근거 중 하나다. 그 논쟁에서 예수의 대적자들은 귀신을 내쫓는 예수의 힘의 근원이 귀신의 왕인 바알세불이라고 주장했다. 예수를 흠집 내려는 예수의 적대자들도 그의 기적 자체는 부인하지 못했던 것이다.

두 번째로, 적지 않은 사람들이 "오늘날과 같이 과학으로 자연 법칙을 이해하지 못한 예수 시대 사람들이 의학적으로, 또 심리학적으로 일어날 수 있는 치유와 축귀 등을 신적 능력이 발휘되는 '기적'으로 여긴 것은 아닌가요?"라고 질문한다. 19세기에 절정에 달했던 자유주의 신학자들은 "그렇습니다"라고 대답할 것이다. 그러나 오늘날 적지 않은 학자들은 자유주의 신학자들의 생각에 쉽게 동의하지 않는다. 예수 시대 사람들이 오늘과 같이 발달된 자연과학적 지식을 소유하지는 못했지만 예수와 관계된 기적을 '기적'으로 이해할 만한 능력은 충분히 갖고 있었다. 촌구석 소녀였던 마리아도 아이를 임신할 것이라는 천사의 말에 자신은 아직 남자를 '알지 못한다'(성관계를 가진 적이 없다)고 대답하였다. 아이가 어떻게 생기는지 '과학적'으로 알고 있었다는 뜻이다. 예수 세미나의 로버트 펑크Robert Funk같이 말씀에 집중해서 역사적 예수를 재구성하려는 학자들마저도 예수가 분명 당대 사람들이 '기적'이라고 할 만한 사건들을 일으켰다는 데는 이의를 달지 않는다.

복음서는 예수 역시 자신이 기적을 일으킨다고 생각했다고 추정하도록 한다. 동시대 사람들은 예수가 기적을 일으켰다고 생각했을 것이다. 질문은 '기적의 역사성'에서 '기적의 의미'로 옮겨져야 한다. 예수 역시 기적 자체가 아니라 기적이 가리키는 바를 볼 것을 청중에게 주문했기 때문이다. 도대체 예수의 기적이 무슨 의미가 있는가? 현대 의학과 과학이 계속해서 발전하여 눈 깜짝할 사이에 산을 옮겨 바다로 빠뜨리고, 나면서부터 시각장애인인 사람의 눈을 밝혀줄 수 있는 세상이 온다면, 그때에도 예수의 기적은 여전히 유효한 것인가? 과학의 발달로 체세포 한 조각과 뇌세포 한 올로 죽은 사람을 다시 소생케 하는 날이 와도 예수가 나사로를 살린 기적은 신앙적 의미가 있는가? 그렇다! 예수의 기적은 단지 치유 그 자체, 축귀 그 자체를 넘어서기 때문이다. 과학과 의학이 인간의 몸에 관한 모든 문제를 해결하여 궁극적으로 하나님의 통치를 대신할 날이 올 것인지 알 수 없지만, 그때가 도래하기까지 예수의 기적은 인간의 소망 속에 남아 있을 수 있다.

예수의 치유는 상징적이다. 그의 치유는 '달을 가리키는 손가락'이다. 기적 그 자체는 그리 대단한 일이 아닐

수 있다. 예수 시대만 해도 일부 유대인들은 귀신을 쫓아냈을 뿐 아니라 비를 내리는 기적을 일으켰다고 전해진다. 심지어 로마 황제 베스파시아누스도 병을 고쳤다는 이야기가 알렉산드리아로부터 제국 널리 퍼지기도 하였다. 예수의 치유는 달을 바라보게 하는 손가락이며, 예수는 자신의 이적이 바로 그 손가락과 같은 역할을 한다는 것을 분명하게 인식했다.

예수는 자신의 이적 행동을 하나님 나라의 도래와 긴밀히 연결하였다. 그의 기적은 일회적인 것이 아니라 하나님 나라의 도래와 그 성격을 알려주는 하나의 지표이다. '하나님 나라'는 '하나님의 통치'를 의미한다. 그분의 통치는 크게 두 가지 사건을 가져온다. 하나는 악한 세력의 파멸이고, 다른 하나는 모든 피조물의 회복이다.

성서는 악한 세력의 총체를 '사탄'으로 표현한다. 실체적이고, 인격적인 사탄이 존재한다는 주장에 거부감을 갖고 있다면 오늘날의 언어로 구조악이라 부르건, 근본모순이라 칭하건 상관없다. 그 무엇이라도 하나님은 그분의 다스림에 반하는 세력에게 파멸을 선고한다. 축귀는 바로 악한 세력의 파멸을 대변하는 일이다. 예수는 그분의 축귀를 통해 악한 세력이 결정적으로 패배했다고 선언한다. 이것은 물론 한 구체적인 개인의 몸에서 벌어진 일이다. 그러나 동시에 문화인류학의 복잡한 설명을 빌리지 않더라도 한 인간의 몸만큼 사회적이며 시대적인 것은 없다.

가장 유명한 예수의 축귀 기적 중 하나는 거라사 광인 이야기에 나온다. 그 광인은 아름답게 창조된 인간 본연의 모습을 완전히 상실하였다. 그런데 성서 기자는 그 광인의 몸을 단순히 종교적이며 신화적 관점에서만 바라보지 않는다. 그 광인을 괴롭히던 귀신의 이름을 통해 그 몸의 사회성을 드러낸다. 거라사 미치광이의 몸을 점령한 귀신의 이름은 '군대' 곧 '레기온'이었다. '레기온'은 단순히 '군대'가 아니다. 그것은 로마 군대가 대략 6,000명을 단위로 이루는 군단을 지칭하기 위해 사용하던 특정한 용어였다. 예수가 그 청년을 괴롭히던 레기온이라는 이름의 귀신을 축출한 것은 하나님의 주권과 통치가 단지 종교적 영역에 머물지 않고 인간의 몸이 살아가는 통전적 세계를 대상으로 도래한다는 점을 분명히 알게 해준다.

다른 한편, 하나님 나라는 죽음과 고통으로부터 모든 피조물의 회복을 가져온다. 예수는 자신의 치유에서 이 회복이 지금 실현되고 있다고 천명한다. 회복의 모티브는 바벨론 포로 시기부터 꾸준히 발전해온 주제이다. 성서는 포로로 잡혀간 이스라엘의 회복이라는 커다란 이야기, 이른바 거대 담론 속에서 구체적 개인의 회복이라는 미시 담론도 지속적으로 발전시켰다. 예수의 치유는 한 개인의 몸의 회복이라는 미시적 사건을 통해 거대한 이스라엘의 회복, 더 나아가 모든 피조물의 회복을 말한다. 그의 치유 기적에는 이렇게도 큰 함의가 있다.

마가복음서 기자는 예수가 회당장 야이로의 12세 된 딸을 고치러 가는 중에 12년 동안 혈루증을 앓아온 여자를 고친 이야기를 보도한다. 이는 '12'의 회복인데, 12의 회복은 이스라엘의 회복, 곧 당시 흩어지고 사라져버린 12지파의 회복을 말한다. 이것은 예수 시대의 종말론적 회복의 중요한 주제였다. 예수의 치유는 또한 한 개인의 몸을 치유하여 그를 사회로 돌려보내는 사회성을 띤다. 예를 들어 한센병 환자들은 그들의 몸 때문에 사회로부터 격리되어야 했다. 사회로부터 격리된 몸이 육체적 건강뿐 아니라 정신적이고 종교적인 건강을 유지하기란 대단히 어려운 일일 것이다. 예수는 한센 병자들의 총체적 몸을 회복시킨다. 이는 단지 그들의 육체적 몸의 회복만을 의미하지 않는다. 그들의 회복된 몸은 사회적 몸의 회복이기도 했다.

분명 현대 의학과 과학은 예수 시대 사람들이 불가능

하다고 생각한, 하나님만이 할 수 있다고 여긴 많은 '기적'을 이룰 수 있다. 그러나 그 기적은 사탄의 기적이 될 수도 있다. '레기온 귀신'은 거라사 청년을 사로잡는 기적을 일으키지 않았는가. 예수의 삶과 믿음을 따라 사는 그리스도인들은 예수가 선포한 '하나님 나라' 안에 치유와 축귀를 재정립해야 한다. 한 기독교 병원은 "하나님의 사랑으로 인류를 질병으로부터 자유롭게 한다"라고 크게 써놓았다. '최첨단 의료기술과 기계'를 선전하기에 앞서 '하나님의 사랑'을 먼저 생각하는 그 사명문은 기독교적 치료와 축귀의 근본적 정신을 잘 드러내는 하나의 예라고 할 수 있다.

예수의 사람들

6

예수는 홀로 존재하려 하지 않았다. 그는 사람들을 불러 자기가 본 것을 보고, 자기가 느낀 것을 느끼고, 자기가 행하는 것을 같이 행하자고 초청하였다. 예수는 자신의 품을 열고, 그 안에 사람들이 머물기도 바랐다. 그는 불완전한 그의 사람들을 끊임없이 격려하였다.

예수의 스승 혹은 체제 기만의 피해자

예수께서 헌금함 맞은쪽에 앉아서, 무리가 어떻게 헌금함에 돈을 넣는가를 보고 계셨다. 많이 넣는 부자가 여럿 있었다. 그런데 가난한 과부 한 사람은 와서, 렙돈 두 닢 곧 한 고드란트를 넣었다. 예수께서 제자들을 곁에 불러놓고서, 그들에게 말씀하셨다. "내가 진정으로 너희에게 말한다. 헌금함에 돈을 넣은 사람들 가운데, 이 가난한 과부가 어느 누구보다도 더 많이 넣었다. 모두 다 넉넉한 데서 얼마씩을 떼어 넣었지만, 이 과부는 가난한 가운데서 가진 것 모두 곧 자기 생활비 전부를 털어 넣었다." 마가복음서 12장 41-44절

성서의 복음서들은 예수의 탄생 후, 그가 어떻게 공생애 시작 전의 유년 시절과 청년 시절을 보냈는지 기록하

지 않는다. 그래서 그 알려지지 않은 시기는 많은 사람들의 궁금증과 상상력을 유발하였다. 어떤 이들은 예수가 인도에 가서 불교에 관해서 배웠다고 강변하는가 하면, 인도가 아니라 이집트에 가서 치병과 축귀의 마술을 익히고 왔다고 주장하는 이들도 있다. 어찌되었건 간에 예수의 지혜와 지식이 계속해서 자랐다는 것은 누가복음서가 전해주고 있는 바이니(눅 2:52), 그 성장의 배후에 누가, 또 무엇이 있었는지 궁금하지 않을 수 없다.

신약성서에는 예수를 가르친 사람에 대해서는 명시적으로 나와 있지 않고, 다만 고난으로부터 예수가 순종함을 '배워서' 온전하게 되었다고 말해준다(히 5:8-9). 고난이 그의 스승이었던 것이다! 그러나 가만히 성서를 읽다 보면 예수의 공개되지 않은 스승 몇몇을 발견하게 된다. 그중 한 사람이 위의 본문에 나온, 그 이름도 알려지지 않은 가난한 한 과부이다.

겉으로 보면, 무명의 그 과부는 헌금함에 단지 두 렙돈을 넣었을 뿐이다. 참새 두 마리가 당시 시세로 한 앗사리온이라고 치면(마 10:29), 한 렙돈은 앗사리온 대비 8 대 1에 불과하니까 두 렙돈은 참새 반 마리밖에 사지 못할 푼돈에 해당한다. 그러나 얼마나 가난했던지 그 두 렙돈은 과부의 전체 재산이었다. 과부가 어떤 심정으로 그 돈을 연보 궤에 넣었을까 한번 짐작해보자. 예수가 그 과부의 심정을 깊숙이 들여다보고 제자들을 불러 모아 교훈했듯이 말이다.

극도의 빈한貧寒 속에서 하나님을 향한 전적인 신뢰, 앞날을 기약할 수 없는 상황에서 하나님을 향한 온전한 사랑, 예수는 과부의 두 렙돈에서 그것들을 느끼지 않았을까? 예수는 자신의 제자들에게 이러한 과부의 신뢰와 사랑을 가르치고 싶었다. 그러나 그 가르침은 단지 제자들에게 국한되지 않았던 것 같다. 예수가 공생애 기간 중 가장 고통스러운 결단을 해야만 했던 겟세마네 동산의 무거운 시간에 예수의 그 가르침은 자신에게 부메랑처럼 돌아왔을 것이다.

겟세마네의 고독과 고통 중에 예수에게 떠오른 인물은 누구였을까? 그 과부가 아니었을까? 내일 양식, 아니 바로 다음 끼니를 생각할 수 없는 상태에서도 하나님의 돌보심을 믿었던 그 여인, 자기가 가진 모든 것으로 하나님을 향한 사랑을 표현하고 싶었던 그 사람, 풍상이 얽어놓은 그 과부의 얼굴과 길거리 먼지 속에서 아이들이나 주워갈 두 렙돈이 예수의 피가 되어버린 땀을 씻어주지 않았을까?

"내 뜻대로 마옵시고 아버지 뜻대로 하옵소서"라는 예

수의 말에서, 과부의 두 렙돈이 연보 궤에 떨어질 때의 쨍그렁 소리가 우리 귀에 들린다.[51]

　아울러 대안적인 해석 하나를 소개한다. 자신의 생활비를 모두 헌금한 과부를 긍정적으로 보는 전통적인 시각과는 달리 대안 해석은 한마디로 그를 체제 이데올로기의 희생자로 본다.

　마가복음서에서 성전은 전체적으로 부정적으로 등장한다. 이른바 성전 체제라 부를 수 있는 성전과 그것을 통해 권력을 유지하던 기득권을 예수는 날카롭게 비판하였다. 대표적인 사건이 마가복음서에서 예수가 예루살렘에 입성하자마자 성전에서 벌인 상징 행동이다. 마가는 이렇게 쓴다. "예수께서 성전에 들어가셔서, 성전 뜰에서 팔고 사고 하는 사람들을 내쫓으시면서 돈을 바꾸어 주는 사람들의 상과 비둘기를 파는 사람들의 의자를 둘러엎으시고, 성전 뜰을 가로질러 물건을 나르는 것을 금하셨다"(막 11:15-16). 이것은 성전을 '청결'하게 한 것이 아니다. 성전에서 행할 제의를 위한 제물을 팔고 사지 못하도록 하고, 헌금할 돈을 환전하지 못하게 하며, 성전에서 분명히 제사에 쓰일 물품으로 추정할 수 있는 것들을 나르지 못하게 한 것은 성전 제의를 중단시키려는 행동이다.

성전에서 제사를 못 드리게 하면, 이것은 성전을 청결하게 하는 것이 아니라 성전의 제사 기능을 중단시키는 것이다. 예수는 이어 이사야서를 인용하여 "기록한 바 '내 집은 만민이 기도하는 집이라고 불릴 것이다' 하지 않았느냐? 그런데 너희는 그곳을 '강도들의 소굴'로 만들어버렸다"며, 성전에서 유세를 부리는 자들을 비판한다. 여기서 고발되는 '강도'들은 성전에서 장사하거나 돈을 바꾸는 자들이라기보다는 다른 이들을 착취하고 억압하면서 하나님의 집이라는 성전을 마치 자신들의 편안한 아지트처럼 여기는 이들이다. 다른 이들을 벗겨먹는 저 '강도들'이 아지트처럼 자리 잡고 있는 곳이 당시의 예루살렘 성전이라는 것이 예수의 고발이다. 예수는 그런 성전은 더는 하나님의 집이 아니며, 성전에서 드리는 제의보다는 성전이 아니어도 할 수 있는 일들, 곧 '믿음', '기도', '용서'가 새로운 시대의 중요한 신앙 실천이 될 것이라고 선언한다(막 11:23-25).

성전의 제의 대신 믿음, 기도, 용서의 새 시대를 열어나가야 한다는 예수의 가르침에 비추어 볼 때 성전을 유지하는 데 쓰일 성전 헌금이 긍정적인 평가를 받기는 어렵다. 더군다나 그렇지 않아도 '강도들의 소굴'인 곳에 강도의 피해자인 한 과부가 자신의 생활비 전부를 넣은 것은 체제에 기만당한 결과라고 할 수 있다. 이러한 해석은 이 헌금 사건 이후 바로 이어지는 문맥에서도 지지를 받을 수 있다. 헌금함 맞은편 자리에 앉아 있던 예수가 그곳을 떠날 때에 한 제자는 성전의 규모가 얼마나 큰지, 그것을 이루는 돌들 역시 얼마나 큰지를 감탄하며 말한다. 그러나 예수는 이렇게 반응한다. "너는 이 큰 건물들을 보고 있느냐? 여기에 돌 하나도 돌 위에 남지 않고 다 무너질 것이다"(막 13:2). 과부는 이내 다 무너질 거짓된 건물을 위해 자신의 생활비를 모두 '빼앗기고' 있는 셈이다. 위와 같이 본문을 해석하면 과부는 불의한 성전 체제를 통해 강도들의 소굴이 된 곳을 향해 자신이 가진 한 푼마저 기만적으로 빼앗기는 셈이 된다.

이와 같이 전통적인 해석이 과부의 헌신과 희생과 믿음을 강조한다면, 대안 해석은 성전이 어려운 사람을 살리는 것이 아니라 극히 가난하고 의지할 곳 없는 사람의 마지막 남은 재산마저 갈취하는 곳이라고 고발한다. 이 고발을 듣는 청중은 성전 제의가 아니라 믿음, 기도, 용서의 공동체를 꾸리고, 누군가를 기만하거나 가진 것을 탈취하려 하지 않는 신앙을 세워가야 한다는 것을 다짐하게 된다.

성서를 해석한다는 것은 결코 쉽지 않다. 같은 본문을

두고 다른 해석을 할 수도 있고, 심지어 서로 정반대되는 방향으로 본문을 이해할 수도 있다. 또 이렇게 해석하다가 저렇게 이해하는 때가 오기도 한다. 우리는 우리가 가진 한계를 겸허히 고백할 수밖에 없다.

예수, 그다음 예수

참새 다섯 마리가 두 냥에 팔리지 않느냐? 그러나 그 가운데 하나라도, 하나님께서는 잊고 계시지 않는다. 하나님께서는 너희 머리카락까지도 다 세고 계신다. 두려워하지 말아라. 너희는 많은 참새보다 더 귀하다. 누가복음서 12장 6-7절

역사에 살았던 누군가를 이해했다는 말은 무슨 의미일까? 이를 여러 측면에서 접근할 수 있겠지만, 먼저 그 사람에 대한 정보를 수집하고 이를 통해 그를 알았다고 할 수 있다. 반면 그 사람의 '눈과 마음'을 얻고 그를 이해했다고 할 수도 있다. 이 구분을 예수에게 적용해보자. 전자는 이른바 학자들이 추구하는 '역사적 예수'와 관련이 있다. 반면 후자는 예수가 대상을 바라보는 방식, 대상을 보

고 느끼는 감정의 작동 방식에 다가가는 것과 관계가 있다. 물론 이 둘은 모순 관계라기보다는 상호 협력 관계에 있지만, 지금까지 주로 강조된 바는 역사적 예수에 대한 정보 수집이었음을 부정할 수 없다. 그런데 각기의 접근 방식은 그에 따른 결과를 예상케 한다. 예수에 관한 정보를 수집하는 이들은 예수를 '믿는' 데에 다다를 가능성이 크다. 그는 예수의 제자가 되고 예수를 섬기는 사람이 된다. 한편 예수의 눈과 마음을 얻은 사람은 '또 하나의 예수'로 살아가는 길에 선다. 어떤 사람은 '예수 섬김이'에서 '예수 따름이'가 되자고 하지만, 더 근본적으로 '예수, 그다음 예수'가 되는 지경에 이르러야 진정한 예수 따름이가 되는 것이 아닐까? 그렇다면 어디서 예수의 눈과 마음을 얻을 것인가? 우리는 자연을 바라보는 예수에게서 그 단서를 발견한다.

예수는 태양을 바라본다(마 5:43 이하). 태양은 떠서 착한 사람이나 악한 사람 모두를 비춘다. 본래 선인과 악인 모두에게 비추는 태양은 삶의 부조리, 이 세상의 윤리적 비합리성을 상징하였다. 다시 말해 '저 죽일 놈들'에게도 버젓이 빛을 내려주고 있는 태양은 억울한 이들의 성토의 대상이었다. '삶이 속인 그대'들이여, 그대들은 저 태양을 보고 이 세상을 체념하며 분을 내지 않았던가. 그러나 예수는 태양 밑에 있는 군상群像이 아니라 태양으로 살라고 한다. 예수는 태양이 그렇게 하듯 그대들도 모든 것을 다 보면서도 빛을 낼 것이라고 우리에게 격려한다. 분노한 우리는 사막의 태양이 될 준비를 하던 중이었다.

예수는 참새를 본다(눅 12:6-7). 참새(strouthion, 작은 새)는 하루를 보내다 다섯이 모두 잡혀 두 앗사리온 헐값에 팔린다. 작은 새는 바닥에 뿌려놓은 좁쌀을 두리번거리다 나름대로 잽싼 몸놀림을 믿어보지만 좁쌀에 독이 묻었던지, 아니면 그물망에서 도망치기 어려웠는지 그만 사로잡히고 만다. 참새는 자신을 사로잡은 하늘같이 두려운 사람에게 처자를 생각해서 제발 한 번만 봐달라고 하지만 이미 이들을 두 앗사리온에 넘기기로 한 그 하늘과 같은 사람은 자신의 신용과 계약 준행의 성실성이 더 걱정이다. 오그라들 대로 오그라든 참새에게 예수는 말한다. 두려워하지 마라. 마땅히 두려워할 분을 두려워해라. 하나님께서는 너희 중 하나라도 잊어버리시지 않으셨다. 아니, 이렇게 말한다. 두려워하지 말자. 마땅히 두려워할 분을 두려워하자. 하나님께서는 우리 중 하나라도 잊어버리지 않으셨다.

예수는 백합화를 바라본다(눅 12:22-32). 아궁이를 벗어나지 못한 부엌데기는 내일 아궁이에 들어갈 풀처럼 위태롭다. 그녀는 자신을 위해서는 수고도 길쌈도 하지 않았다. 자신을 위한 공간이 아니라 우리를 위한 공간에서 '살림'을 하던 그 들풀은 "비를 몰아오는 동풍에 나부껴" "눕고" 운다. 예수는 온갖 영화를 누린 '동풍이 차려입은' 옷보다 그 흔한 풀의 옷을 더 칭송한다.[52] 풀의 옷은 탄식과 눈물, 고된 노역과 피곤의 천으로 동풍이 '곱게' 차려입은 옷보다 더 아름답다.

　　예수의 위의 발언 중에서 "작은 것에서 큰 것을" 추론하는 랍비들의 해석학이 드러난 장면을 포착하는 것도 매우 중요한 일이다. 그러나 우리는 이 해석학 운운의 지평을 넘어 있는 예수의 눈과 마음에 초점을 맞춘다. 예수가 그의 사람들을 부를 때, 예수는 그에 관한 역사적 정보를 얻는 데 만족한 이들을 보고 안타까워했을 것이다. 예수는 그의 피뿐 아니라 그의 눈과 귀, 그리고 피부를 우리에게 내어주고 싶어 했다. 자신의 눈을 가진, 자신의 귀를 가진, 자신의 영혼을 가진 예수, 그다음 예수로.

품, 그리고 머묾

제자들 가운데 한 사람, 곧 예수께서 사랑하시는 제자가 바로 예수의 품에 기대어 앉아 있었다. (…) 아버지께서 나를 사랑하신 것과 같이, 나도 너희를 사랑하였다. 너희는 내 사랑 안에 머물러 있어라. 너희가 내 계명을 지키면, 내 사랑 안에 머물러 있을 것이다. 그것은 마치 내가 내 아버지의 계명을 지켜서, 그 사랑 안에 머물러 있는 것과 같다. 요한복음서 13장 23절; 15장 9-10절

프로테스탄트만큼 '믿음'을 강조한 기독교 교파도 없을 것이다. 믿음을 통해서 의롭다 함을 얻고, 믿어서 구원을 받고, 믿음으로 기도를 한다고 한다. 종종 이에 대해 "'무엇을' 믿는다는 것인가", "믿음·소망·사랑 중 사랑

이 제일이라던데 왜 자꾸만 믿음만을 강조하는가" 등등
의 질문은 물론, "한국의 프로테스탄트는 맹신적이고 맹
목적인 '믿음'에 빠져 있다"느니, "믿음만을 말하고 행함
은 빠져 있다"는 식의 비판도 곧잘 일어난다. 그런 질문
과 비판에는 삶으로, 또 말로 적절히 대답해야 하겠지만,
'믿음'말고 그리스도인됨을 표현하는 풍부한 다른 언어
에 소홀했던 우리 자신을 돌아보게 된다. 다시 말해, '믿
음'이란 신앙언어가 갖는 어쩔 수 없는 한계 때문에 발생
한, 쳇바퀴 돌듯 하는 문제제기에 빠지지 않고 제자됨을
표현할 수 있고 제자됨의 모습을 다른 차원에서 알려주
는 새로운 언어의 발견이 필요하다.

요한복음서에는 수수께끼 같은 제자가 하나 나온다.
그는 익명인 채로 요한복음서에 등장해 제자로서 모범적
인 역할을 수행한다. 학자들은 그 "예수의 사랑을 받던
제자"를 흔히 애제자beloved disciple라고 부른다. 요한복음
서 21장 24절은 요한복음서가 바로 그 애제자의 증언에
따라 기록된 것임을 알려준다. 이레네우스Irenaeus는 이
제자가 사도 요한이라고 주장했지만, 파피아스Papias는
사도 요한이 아니라 장로 요한이 요한복음서의 저자라고
생각했다. 이후로 학자들은 안드레, 나사로 등이 바로 요

한복음서의 애제자라는 의견을 개진했지만 여전히 이 애제자는 역사의 베일 뒤에 숨어 있다.

애제자는 요한복음서에서 예수님의 뜻과 사랑에 가장 근접한 제자로 등장한다. 이는 요한복음서에 독특하게 등장하는 '품'이라는 주제를 통해 아름답게 드러난다. 공동번역은 제자 한 사람이 바로 예수 "곁에" 앉아 있었다고 번역하지만, 그리스어 '콜포스kolpos'는 '곁'이 아니라 '품bosom'을 뜻한다. 이 구절에 관한 한 개역이나 새번역이 공동번역보다 더 정확하게 번역한 셈이다.

이 '품'의 주제는 요한복음서의 처음과 가운데, 그리고 마지막에 등장한다. 1장 18절은 독생한 하나님, 곧 아버지의 품 안에 있던 예수가 하나님을 온전히 알려주었다고 선언한다. 요한복음서에 따르면 아무도 하나님을 본 사람이 없고, 아무도 하나님을 모른다. 오직 예수만이 아버지의 품속에서 아버지의 사랑과 그분의 뜻을 알고 있는 유일한 존재이다.

13장 23절은 예수의 품 안에 기대어 누워 있던 애제자를 묘사한다. 그는 저녁 만찬 중에 예수의 품속에서 베드로를 대신하여 예수에게 묻는다. 예수의 품 안에 있는 애제자만이 하나님의 품 안에 있던 예수처럼 예수의 뜻과 사랑을 알고 보여줄 수 있다. 21장 20절은 복음서의 마지막 부분으로 예수의 품에 의지하여 있던 애제자에 대해 다시 한번 이야기한다. 비록 21장 20절의 '품'에 해당하는 그리스 단어는 '콜포스'가 아니라 '스테소스stethos'라 할지라도 이 단어 역시 '가슴'이나 '품'을 뜻하기는 마찬가지다.

예수가 남자 제자를 품에 안고 있었다는 기록이 일부 사람들에게 여러 상상을 불러일으켰던 것도 사실이다. 그러나 예수의 그 품은 성적인 무엇이 아니라 진리와 자유의 품을 상징한다. 이 '품'의 주제는 예수가 제자를 어떻게 키워내는가를 상징적으로 보여준다. 그의 진리와 자유는 머리와 머리 사이에서 전수되는 것이 아니다. 오직 가슴과 가슴이 만나야 예수의 진리와 자유는 제자에게 흘러 들어간다. 그는 한 사람의 제자를 키워내기 위해 그 제자를 품에 안고, 마치 암탉이 자기 새끼를 품듯 자기의 체온으로 제자를 부화하려 한다.

품과 연관되어 요한복음서는 '믿음'에 상응할 만한 언어로 '머묾'을 내세운다. 요한복음서에는 '머묾menein'이라는 단어가 약 40번 정도 등장하여 하나님–예수–보혜사–제자들 사이의 관계를 형용한다. 세례자 요한은 성령이 '머무는' 예수(1:32-33)를 알아보고 자신의 제자들에게 그에 관해 증언한다. 이에 그 두 제자가 예수를 따르게 되는데, 예수는 그들이 따르는 것을 알고 뒤돌아서 무엇을 구하느냐고 묻는다. 두 제자는 그 질문에 "주여 어디 머무십니까?"라고 되묻는다(1:38). 그들은 예수의 허락에 따라 예수가 머무는 데를 보고 그날을 함께 '머문다'. 그렇게 예수와 함께 머문 제자들에게는 이후 예수 위에 '머문' 보혜사가 찾아와 함께 '머물' 것이 약속된다(14:17). 또한 예수 안에 머문다는 것은 그분의 말씀 안에(8:31), 빛 안에(12:46) 머물며 결국 생명 안에 머문다는 것이다. 포도나무와 가지의 확대된 은유(15:1-17)는 예수 안에 머묾이 생명을 얻는 일이며 동시에 열매 맺는 일임을 알려준다.

'머묾'은 단지 제자들이 예수 안에 머무는 것을 묘사하는 데에 그치지 않고 예수가 제자들 안에 머무는 데에까지 나아간다(14:20; 15:5). 곧 제자들과 예수는 서로 머묾의 관계를 맺는다. 서로 머묾의 관계는 아버지 하나님과 아들 예수가 맺는 가장 이상적인 관계이며(17:23) 서로 지극히 사랑하고 존중하며 하나가 되는 길이다. 제자들은 이 서로 머묾을 통해 아버지와 아들과 함께 있고 생명을 누린다. 단순히 '내'가 개인으로서 생명을 소유하는 것이 아니라 생명을 서로 머물며 나눈다.

'머묾'은 '믿음'에 비해 그리스도인의 삶에 대해 크게 두 가지 특징적인 점을 강조한다. 친밀성과 상호성이 그것들이다. 근래 오해된 믿음이 나의 주관성과 의지를 강조하는 데 반해, 머묾은 하나님, 예수, 보혜사, 제자들 사이의 깊은 '서로 사귐'의 차원을 열어준다. 또한 믿음이 '무엇인가를 믿는다'는 지적인 영역에 국한된 듯한 느낌을 주는 반면(실상은 그렇지 않다), 머묾은 전인적인 친밀성을 확연히 드러낸다. 더 나아가 서로 머묾은 하나님과 인간 사이만이 아니라 제자들 사이의 상호 교감과 하나됨을 적절하게 드러낸다. 곧 믿음이 하나님과 인간 사이의 관계에 치중하는 듯한 반면 머묾은 아버지 하나님과 아들 예수 사이 서로 머묾의 친밀한 관계를 그리스도인 서로에게 적용할 것을 요구하고 있다. 오늘날의 시대는 '믿음'이라는 주관적 느낌의 용어와 함께 '머묾'의 상호성과 친밀성을 성찰할 것을 요구한다. 예수는 자기의 사람들을 그 품에 안고, 자신과 그들이 서로 안에 머물기를 바랐다.

교회

7

"예수는 하나님 나라를 외쳤다. 그러나 온 것은 교회였다." 이 유명한 말에는 교회에 대한 부정적인 함의가 깔려 있다. 그러나 교회의 탄생은 예수 운동이 원치 않게 저질러놓은 우연적 산물이 아니다. 또 교회를 예수 '운동'이 경직되어 기구화된, 예수 운동의 타락으로 이해할 이유도 없다. 거칠게 말해 기독교가 로마의 국교로 공인되기 전, 교회는 예수 운동에서 전개된 역사적 결과였다. 이 과정에서 교회가 무엇인지에 대한 무수한 이야기들이 있었고, 이 이야기는 성서에 기록되었다. 이 장에서는 이른바 '초대교회'에 관련된 여러 사항들을 점검해보고자 한다.

초대교회로 돌아가자?

이 시기에 제자들이 점점 불어났다. 그런데 그리스 말을 하는 유대 사람들이 히브리 말을 하는 유대 사람들에게 불평을 터뜨렸다. 그것은 자기네 과부들이 날마다 구호 음식을 나누어 받는 일에 소홀히 여김을 받기 때문이었다. (…) 그래서 그들은 심하게 다툰 끝에, 서로 갈라서고 말았다. 바나바는 마가를 데리고, 배를 타고 키프로스로 떠나갔다. 그러나 바울은 실라를 택하고, 신도들로부터 주님의 은혜가 함께하기를 바라는 인사를 받고서, 길을 떠났다. 사도행전 6장 1절; 15장 39−40절

교회에 대한 비非기독교인들의 시선이 곱지 않다. 특별히 젊은이들 사이에 존재하는 반기독교적 분위기, 정확히 말하면 반개신교적 분위기는 기독교인들의 상상을 초

월한다. 오늘날 한국 땅에서는 1800년 즈음 "종교를 멸시하는 문화인들에게"라는 부제를 달고 종교(기독교)를 옹호했던 슐라이어마허의《종교론》같은 책이 필요한지도 모른다. 물론, 책 한 권이 어떻게 '문화인들의 종교 멸시'를 그치게 할 수 있을 것인가. 백만 마디 말보다 한 번의 실천이 우리 한국 교회에 더 필요할 것이다.

이런 사태의 심각성을 알아차리고, 교회 개혁을 도모하는 여러 시도들이 교회 내부에서 일어나고 있다. 그런데 그런 '개혁가들'이 종종 내건 구호 중 하나는 "초대교회로 돌아가자"이다(덧붙여 '초대교회'라는 이름을 내건 교회도 국내외에 상당수가 존재한다). '초대교회로 돌아가자'라는 구호가 오늘날에 와서 존재하게 된 것은 아니다. 그 출발점은 가톨릭에 대해 개혁의 기치를 내걸었던 종교개혁 시기라할 수 있다. 그들의 구호에는 초대교회가 이상적인 교회라는 전제가 깔려 있다. 그러나 초대교회가 과연 우리가 돌아가야 하는 이상적인 교회인가?

초대교회로 돌아가자는 사람들이 초대교회를 아름답게 그리고자 펼쳐든 성서는 사도행전이다. 그들은 사도행전 중 성령의 임재(2:1-13), 강력한 선교 활동(2:14-42), 성도 간의 나눔(2:43-47), 기도와 신유의 기적을 담은 본문(3:1-10)들을 제시하며, 초대교회로 돌아가는 것이 마땅함을 부르짖고 있다. 그러나 그런 '아름다운 초대교회'의 모습 이면에는 이른바 '인간적인' 약점이 존재했다. 만약 초대교회의 아름다운 모습만을 강조하고, 초대교회를 이루던 사람들이 겪었던 부정적인 측면을 간과하려 한다면, 또 그 사실을 솔직히 인정하지 않는다면 그것은 균형 잡힌 성서 읽기가 될 수 없다.

예루살렘 교회를 비롯한 초대교회들은 여러 갈등과 다툼, 혼돈을 겪는 지극히 '인간적인' 교회였다. 그 인간적인 면모가 드러난 사건을 이른바 모母교회로 불리는 예루살렘 교회에서, 대표적인 이방 교회인 안디옥 교회에서 각각 하나씩 뽑을 수 있다.

먼저 예루살렘 교회가 겪었던 대표적인 갈등 중 하나는 요샛말로 혈연 및 지연에 따른 '연고주의' 때문에 발생하였다. 사건은 그리스 말을 쓰는 과부들과 본토 토박이 과부들이 달리 받은 대우에서 비롯되었다. 교회는 뚜렷한 소득원이 없는 과부들에게 매일 식량을 배급하였다. 그러나 이 과정에서 그리스 말을 하는 유대 사람들이 토박이 유대 사람들에게 불평을 터뜨리기 시작했다. 그리스 말을 하는 과부들이 날마다 구호 음식을 받는 데서 소홀히 대접을 받은 것이다. 곧, 유대 말을 하는 과부들과 그리스 말을 하는 과부들 사이에 차별 대우가 있었다. 이 문제는 상당히 심각했는데, 결국 이 일을 맡아보던 열두 사도는 그 업무를 다른 이들에게 넘겨주어야 했다. 그래서 뽑힌 이들이 스데반, 빌립, 브로고로, 니가노르, 디몬, 바메나, 니골라 등 일곱 명이었다. 흔히 헬라파 그리스도인으로 불리는 이들은 열두 사도들과 함께 초대 예루살렘 교회의 지도력을 형성하였다. 이들의 등장과 함께 열두 사도들은 자신들의 일의 영역을 말씀을 섬기는 일과 기도하는 일에 제한할 수밖에 없었다. 그러나 흔히 생각하는 것과는 달리 새로 선출된 그 일곱 명의 지도자들은 그들의 역할을 단지 음식을 나누어주는 데에만 국한하지 않았다.[53] 사도행전 기자가 보도한 이 간략한 이야기에서 우리는 초대 예루살렘 교회의 내부 역학을 잠시 들여다볼 수 있다. 이 교회 내에서도 각기의 이익을 대변하는 지도자들이 있었고, 이들은 서로 경쟁하고 견제하였던 것이다.

대표적인 이방 교회인 안디옥 교회는 눈부신 발전을 이룬 교회이다. 이 교회의 활동으로 처음 '그리스도인 christianos'(11:26)이라는 말이 생겨났을 정도이다. 안디옥 교회가 급성장한 요인 중 하나는 두 명의 걸출한 지도자, 곧 바나바와 바울의 존재였다. 바나바는 바울을 안디옥 교회로 발탁하였고(11:25-26), 그 둘은 전심을 다해 복음을 전파하였다. 그러나 이 아름다운 동행은 그리 오래가지 않았다. 바울과 바나바 사이가 결정적으로 갈라진 것이다. 바나바는 새로 떠나는 선교 여행에 마가라 불리는 요한도 데리고 가려 했고, 바울은 이를 반대했다. 바울은 밤빌리아에서 자신들을 떠나 선교에 동참하지 않은 요한을 탐탁지 않게 여겼다(15:36-41). 결국 바나바와 바울은 심하게 다투었고, 둘은 서로 갈라서고야 말았다. 학자들은 바나바와 바울의 결별이 매우 '시시한' 데에 의구심을 품었다. 그들의 추측대로 바나바와 바울의 결별에는 보다 '신학적'이라고 부를 만한 이유가 있었던 듯하다. 그러나 사도행전 기자는 안디옥 교회의 두 지도자를 '쩨쩨한' 사람으로 만들망정, 그들이 결별한 신학적 이유에 대해서는 침묵하기로 하였다. 바울이 기록한 갈라디아서 2장은 바나바와 바울의 결별을 불러온 신학적, 신앙적 이해와 사건에 대한 단초를 제공한다. 결국 바울과 바나바라 하는 당대 최고의 이방인을 위한 선교사들은 서로 갈라져, 선교의 동력이 분산되고 말았다. 이 외에도 민족의 문제로, 관례와 관습의 문제로, 교회는 심한 내홍에 시달려야 했다. 그것을 묻어둘 수 없어 일어난 것이 사도행전 15장에 보고된 이른바 '사도회의'이다.

초대교회로 돌아가자고? 신약성서는 새 하늘과 새 땅

의 전망을 가지라고 권하지 이전의 에덴으로 돌아가자는 본향 회귀 본능을 모른다. 초대교회로 돌아가자고? 하나님께서 원하시는 교회는 역사의 저 너머에서 지금 달려오고 있다.

목사가 할 일과 집사가 할 일?

그래서 열두 사도가 제자들을 모두 불러놓고 말하였다. "우리가 하나님의 말씀을 전하는 일은 제쳐놓고서 음식 베푸는 일에 힘쓰는 것은 좋지 못합니다. 그러니 형제자매 여러분, 신망이 있고 성령과 지혜가 충만한 사람 일곱을 여러분 가운데서 뽑으십시오. 그러면 그들에게 이 일을 맡기고, 우리는 기도하는 일과 말씀을 섬기는 일에 헌신하겠습니다." 사도행전 6장 2-4절

신망과 존경을 받았던 한 목사가 이른바 '다단계 사업'에 관심을 보이고, 그 사업을 시행하려 한 적이 있다. 이로 인해 교계 한쪽에서 적지 않은 논란이 일었다. 이 일을 두고 왈가왈부가 많았는데, 한 인터넷 신문의 기사 중

에 이런 것이 있었다.

성경에 따르면 모든 교회가 모범으로 삼아야 할 사도들이 직접 섬기던 초대교회에서는 목자와 영적 지도자들이 말씀과 기도에 전념하기 위하여 구제를 포함한 교회의 세상 일은 집사들에게 맡김을 보여주고 있습니다.

이 기자는 이어 한국의 목사들이 '말씀과 기도에 전념하지 않는다'고 비판의 날을 세운다. 그 기자가 말하는 "성경에 따르면"에서 가리키는 성경은 이 글이 다루는 사도행전 6장 본문임이 거의 확실하다. 본문의 전후 단락은 예루살렘에서 성공적인 전도가 이루어져 예루살렘 교회 공동체가 커지자 구제 사역에서 문제가 발생한 것과, 초대교회가 이 문제를 해결하는 이야기를 담고 있다. 초대교회가 "모든 교회가 모범으로 삼아야 할" 교회는 아니라는 점은 이미 앞의 글(《초대교회로 돌아가자?》)을 통해 밝힌 바 있다. 그렇다면 과연 당시의 사도들을 오늘날의 목사로, 세움을 받은 일곱 명의 사람들은 '집사'로 생각할 수 있을까?

가장 먼저 지적해야 할 사항은 스데반을 비롯하여 세움을 받은 일곱 명의 헬라파 사람들이 '집사'인가 하는 점이다. 우리말 성서는 물론 다른 말 번역에도 '집사'에 해당하는 단어는 등장하지 않는다. 그리스어 성서 자체에 그러한 단어가 없기 때문이다. 그렇다면 왜 그들을 '집사'라고 단정적으로 말하는 고정관념이 생긴 것일까? 아마도 그들이 맡은 일 때문에 그런 것 같다. 그들은 사도들을 대신하여 '식량 배급'(diakonein trapezais, 이 말은 '식량을 나누어주는 일'을 가리키는 동시에 재정 출납을 의미할 수 있다)을 담당했다. 그렇게 교회의 구제 사역을 맡는 것은 '집사'의 일이라는 것이다. 그런데 이 '집사들'은 이후 전개되는 사도행전 이야기에서 '집사' 같지 않은 일에 나선다. 그 '집사'들이 말씀을 전파하고 큰 이적을 행하며(스데반, 7장), 복음을 선포하고(빌립, 8장), 성서를 해설하며 세례를 주는 것이다(빌립, 8장). 이는 실상 사도들의 일과 다를 바 없다. 원래 식량 배급 자체가 이른바 '집사'들의 일이 아니라 사도들이 담당했던 매우 중요한 일이었다. 오병이어 사건에서 '사도'들은 양식을 나눠주라는 명령을 예수로부터 받는다(막 6:37). 이는 단지 그때 일회적으로 주고 말라는 의미가 아니다. 사람들을 '마을로 가서 사 먹게 하지 않고' 그들 안에 일어나는 기적으로 사도들이 질서 있게 나누어주는 오병이어 사건은 하나의 역사적 예로, 이후 교회에서 되풀이되어야 하는 것이다. 이것은 그

인터넷 신문 기자의 표현대로 '교회의 세상 일'이 아니라 사도들이 담당했던 '교회의 거룩한 일'에 해당한다. 요컨대, 세움을 받은 일곱이라고 해서 기도하는 일과 말씀 사역에서 배제된 것도, 사도들이 이 두 사역을 독점한 것도 아니라는 것이다. 또 식량 배급은 매우 중요한 사도들의 일로 교회 안에서 되풀이되던, 이른바 교회의 '세상 일'로 불릴 수 있는 것도 아니다. 따라서 그 일곱 명의 헬라파 지도자들을 오늘날 개신교회의 직분인 '집사'로 부르는 것은 잘못되었다고 할 수 있다.

곁들여 사도들이 오늘날의 목사로 이해될 수 있는가도 물을 필요가 있다. 신약성서는 '사도'라는 호칭을 매우 제한적으로 사용한다. 공관복음서 전승은 이를 예수의 열두 제자에게만 국한하여 사용한다. 사도행전 및 바울 서신에 나타나는 몇몇의 예외를 제외하고는 '사도'는 결코 오늘날의 '목사'로 이해될 수 있는 것이 아니다. 사도가 되려면 크게 두 가지 조건을 갖추어야 했다. 첫째, 부활한 주를 보았는가. 둘째, 역사적 예수와 함께 활동하였는가. 후기 바울 서신을 보면 사도와 목사(혹은 목자, poimēn)는 확실히 구분된다(엡 4:11). 칼뱅은 에베소서 4장 11절을 주석하면서 사도, 선지자, 복음전도자는 한때 존재했던 것으로, 목사와 교사는 오늘날까지 이어지는 직분으로 파악하기도 하였다. 따라서 초대교회의 사도를 오늘날의 '목사'로, 일곱 명의 헬라파 지도자들을 '집사'로 간주하는 것은 적절한 이해가 아니다.

성서를 사랑하는 사람들은 '성경에 따르면'이 얼마나 조심스럽고 신경 쓰이는 일인지에 다시 한번 주의를 기울여주면 좋겠다. 우리 모두 사랑의 대상을 오용, 남용, 악용하기를 원치 않기 때문이다.

'너희 몸이 성전인 것'과 주초

여러분은 하나님의 성전이며, 하나님의 성령이 여러분 안에 거하신다는 것을 알지 못합니까? 누구든지 하나님의 성전을 파괴하면, 하나님께서도 그 사람을 멸하실 것입니다. 하나님의 성전은 거룩합니다. 여러분은 하나님의 성전입니다. 고린도전서 3장 16-17절

조선에 들어온 개신교는 청교도적 금욕주의를 배경으로 하고 있었다. 초창기 선교사들은 첩을 두지 않는 것과 주초酒草의 금지를 '신자의 표지'로 강조했다. 이후 우리나라에 서양식 법률제도가 구비되면서 첩을 법적으로는 더 이상 공공연하게 두지 못하게 되었다. 따라서 신자의 표지로서 첩의 금지는 그 분별력을 잃게 되었다. 첩을 두

는 사람은 그 사람이 신자냐 아니냐를 떠나 사회적 지탄을 받게 되었기 때문이다. 그러나 주초가 불법이나 사회적 금기가 되지 않은 현재, 한국의 교회들은 이를 금하는 청교도적 불문율을 통해 '신자 됨'의 표지를 보여주라고 요구한다. 이런 상황에서 종종 주초를 금하게 하는 성서의 근거 구절로 고린도전서 3장 16~17절이 사용된다. 이를 근거 구절로 이용하는 사람들이 주장하는 요지는 대체로 다음과 같다.

우리들 각자의 몸은 하나님의 성전이고, 그 성전을 더럽히는 사람은 마땅히 하나님의 처벌을 받는다. 주초는 하나님의 성전인 우리들의 몸을 더럽히는 것이고, 그러므로 마땅히 이를 금해야 한다.

그러나 고린도전서 3장 16~17절은 과연 이러한 주장의 근거 구절이 될 수 있을까? 한마디로 말하자면, 이러한 성서 구절의 '사용'은 비록 그 뜻이 선의에 있다 하더라도 대표적인 성서 오용 사례라고 할 수 있다. 이러한 '선의의 오용'은 두 가지 요인 때문에 발생한다. 첫째는 문맥을 떠난 단장취의斷章取義요, 둘째는 우리가 즐겨 보는 개역 성서의 모호한 번역이다.

고린도전서에서 다루는 주된 문제는 고린도 교회에 발생한 파당의 문제였고, 이에 따라 고린도 교회를 개척한 바울의 권위가 위협받는 데에 있었다. 이에 바울은 교회가 과연 무엇인지, 특별히 고린도 교회에 관련하여 자신은 고린도 교인들에게 어떤 존재인지를 설명하고자 한다. 우리의 구절은 이런 전체적인 맥락 안에 놓여 있고, 따라서 이 맥락을 고려하여 이해해야 적합하다. 3장 16~17절의 이전 문맥인 3장 1~9절은 고린도 교회에 여러 사역자가 있으나 이는 다 하나님의 동역자들이며, 그 사역의 대상인 고린도 교회는 하나님의 밭이요 하나님의 집theu oikodomē(이 말은 '성전'이라는 뜻이다)임을 밝힌다. 이후 10~15절은 하나님의 동역자 주제를 반복해서 설명하고, 16~17절은 고린도 교회가 하나님의 성전이라는 주제를 재차 부연한다.

둘째, 번역과 관련하여 몇 가지 점을 살펴야 한다. 우리에게 익숙한 개역성서의 번역은 이렇다. "너희가 하나님의 성전인 것과 하나님의 성령이 너희 안에 거하시는 것을 알지 못하느뇨. 누구든지 하나님의 성전을 더럽히면 하나님이 그 사람을 멸하시리라. 하나님의 성전은 거룩하니 너희도 그러하니라." 16~17절에서 '너희'는 모두 복수이다. 곧 교인 각자의 몸 하나 하나가 성전이라는 것이 아니라 '너희들', 곧 너희들의 모임이 성전이다. 그리고 그 '너희들' 안에 성령이 거하신다. 또 17절의 '더럽히면'과 '멸하시리라'는 모두 'phtheiro'의 번역이다. 어떤 사람(단수)이 '너희들'(복수) 성전을 '더럽히면/파괴하면' 하나님께서도 그 사람(단수)을 '더럽히실/파괴하실' 것이다.

요컨대, 고린도전서 3장 16~17절은 "주초와 같은 것을 통해서 하나님의 성전인 자신의 몸을 더럽히면 안 된다"는 근거 구절로 사용될 수 없다. 그 구절은 하나님의 성전인 너희들은 결코 서로 분쟁을 하거나, 또는 어떤 사람(아마도 고린도 교회에 대한 특별한 권리를 주장하는 사람)으로 하여금 '너희들'(성전인 너희들 공동체)을 파괴하게 해서는 안 된다는 뜻이다. 이 구절은 여기서, 하나님께서 하나님의 교회인 '너희들'을 파괴하거나 더럽히는 사람에게는 그 사람이 한 것과 똑같이 보응하실 것임을 말한다.

주초 금지로 신자 됨의 표지를 구하려는 일부 교회를 바라보고 있자면 사실 매우 슬픈 생각을 갖지 않을 수 없다. 신자로서 세상과 구별되고자 한다면 기껏 주초 금지로 할 것이 아니다. 주초 금지는 건강을 생각하는 사람도 얼마든지 시행 가능한 것이다. 우리나라 교회는 세상과 선한 의미에서 구별될 수 있는 새로운 표지를 구해야 한다.

두세 사람이라도

"네 형제가 [너에게] 죄를 짓거든, 가서, 단둘이 있는 자리에서 그에게 충고하여라. 그가 너의 말을 들으면, 너는 그 형제를 얻은 것이다. 그러나 듣지 않거든, 한두 사람을 더 데리고 가거라. 그가 하는 모든 말을, 두세 증인의 입을 빌어서 확정지으려는 것이다. 그러나 그 형제가 그들의 말도 듣지 않거든, 교회에 말하여라. 교회의 말조차 듣지 않거든, 그를 이방 사람이나 세리와 같이 여겨라. (…) 두세 사람이 내 이름으로 모여 있는 자리, 거기에 내가 그들 가운데 있다." 그때에 베드로가 예수께 다가와서 말하였다. "주님, 내 형제가 나에게 자꾸 죄를 지으면, 내가 몇 번이나 용서하여주어야 합니까? 일곱 번까지 하여야 합니까?" 예수께서 대답하셨다. "일곱 번만이 아니라, 일흔 번을 일곱 번이라도 하여야 한다." 마태복음서

학자들은 복음서의 기자들이 누구이며, 어떤 역할을 담당하고 있는지에 대해서 많은 토론을 하고 있다. 20세기 초반 성행한 이른바 양식비평form criticism은 복음서 기자들을 보수적인 전승tradition 수집가로 본다. 곧 양식비평가들은 복음서 기자들이 자신들에게 전해진 전승을 수집하여 기록하였다고 본다. 이러한 이해는 서로 긴장에 차 있는 복음서 내의 말씀들을 이해하도록 도와준다. 예를 들어 마태의 예수는 열둘을 보내며 "이방인의 길로도 가지 말고 사마리아인의 고을에도 들어가지 말고, 차라리 이스라엘 집의 잃어버린 양"(10:5-6, 개역)에게 가라고 명령한다. 그러나 부활한 예수는 "모든 족속"을 상대로 선교하라며 선교 대상을 확장한다. 양식비평은 이 두 명령 사이에 존재하는 긴장과 모순을 이 두 명령이 각기 다른 전승에서 비롯된 것이라고 해설해주어 해소한다. 그리고 각 전승의 '삶의 자리Sitz im Leben'가 어떠한지를 캐묻고 규명하는 것으로 복음서 이해를 돕는다.

이후 비평들이 발전하면서 복음서 기자들은 각기 다른 역할을 담당하는 사람들로 평가되었다. 곧 보수적 수집가에서 신학자로(편집비평), 또 작가author로(문학비평) 여겨지기도 하였다. 1970년대 중반부터 본격화된 사회학적 비평은 복음서 기자를 그 복음서를 산출한 공동체의 대변인으로 간주한다. 이들은 공동체의 입장을 대변하는 사람으로서 그 공동체 안팎의 역학에 노출되어 있다. 이렇게 공동체 기자를 대변인으로 상정할 때 각 복음서에 등장하는 내적 긴장과 모순은 한 공동체 내에 존재하던 내부 그룹들 간의 갈등이 표출된 것으로 이해된다.

우리의 삶이 모순과 갈등으로 상당 부분 채워져 있듯이 1세기 그리스도인들의 삶 역시 이 점에 관한 한 우리와 별로 다르지 않았다. 특별히 마태복음서를 산출한 마태공동체는 선교 범위, 율법 해석, 인종 문제와 관련하여 심각한 내분을 겪고 있었다. 마태복음서는 마태공동체 내에 이런 갈등이 존재하고 있음을 보여준다. 적지 않은 학자들이 마태복음서 5장 44절의 '원수'가 공동체 외부 사람이 아니라 공동체 내부의 다른 구성원, 곧 믿음의 형제/자매를 가리킨다고 주장한다. 즉 마태공동체 구성원들 중 일부는 서로를 원수로 여기기까지 하였다는 것이다.

이 글의 본문이 속한 18장은 전부 공동체 내의 문제들에 관해 얘기한다. 마태복음서 기자는 18장 전체를 할애해 공동체의 일치와 화해, 그리고 결속에 대해 집중적으로 강조한다. 근접 문맥을 고려해볼 때 오늘의 구절에서 강조하여 읽어야 할 것은 "두 사람이라도 '마음을 모아sumphōneō'(한 마음을 갖다, 의견의 일치를 보다)"와 "내 이름으로 '모이는sunagō'(함께하다, 함께 모이다)"이다. 통상적으로 이 구절은 두세 사람이 모인 적은 무리라도 하나님이 기쁘게 보신다는 것을 나타내주는 구절로 오해된다. 그러나 마태복음서에서 이 구절은 단 두 사람만이라도 그분의 이름으로 함께하여 마음을 모으는 일이 절실히 필요한 마태공동체의 현실을 드러내는 구절이라 할 수 있다. 이렇듯 신앙과 이적이 불 일듯 일어나는 그때라도 신앙인들이 그분의 이름으로 마음을 모아 함께하기란 쉬운 일이 아니었다. 앞서도 말했듯이, 이러한 본문들은 서로를 향한 비판과 비난이 격심했던 마태공동체의 정황을 반영한다. 공동체의 와해를 막기 위해 마태공동체는 나름대로의 규범을 만들지 않을 수 없었다.

마태복음서 18장 15~35절에는 공동체 내에서 일어나는 '죄'의 문제와 이에 대한 처리 방안이 나타난다. 이 방안은 공동체 구성원들의 '죄'가 공동체의 생존과 확장에 방해가 되지 않도록 세심하게 고려되었다.

우선 18장 15~18절 단락을 살펴보자. 그곳에서는 죄를 발견한 사람 혹은 피해자가 세 단계를 거쳐 죄에 대응하라고 말한다. 먼저 그 사람과만 상대하여 권고해야 한다. 이는 사적이며 공개되지 않은 해결이 우선 고려되어야 함을 뜻한다. 효과가 없을 때 두 번째 단계는 한두 사람과 동행하여 두세 증인의 입으로 확증하여 말하는 것이다. 아직도 사적이기는 하지만 적당한 규모, 증인을 세울 때 최소한의 수인 2~3명이 동원된다. 이런 사적인 방법에도 실패한다면 이 사건은 '교회'에 보고되어야 한다. 이제 공적인 사안으로서 공동체 전부가 이 문제에 대해 논해야 하는 것이다. 그러나 죄 지은 사람이 '교회'의 말도 듣지 않는다면, 이제 그 죄를 고발한 사람은 그를 '이방인과 세리'로 여겨도 된다(17절). 여기서 우리말 번역에는 드러나지 않았지만, 해석을 위해 중요한 대명사를 눈여겨보아야 한다. 17절에 대한 우리말 번역은 다음과 같다.

개역/개역개정: 만일 그들의 말도 듣지 않거든 교회에 말하고 교회의 말도 듣지 않거든 이방인과 세리와 같이 여기라.

표준새번역/새번역: 그러나 그 신도가/형제가 그들의 말도 듣지 않거든, 교회에 말하여라. 교회의 말조차 듣지 않거든, 그를 이방 사람이나 세리와 같이 여겨라.

공동번역: 그래도 그들의 말을 듣지 않거든 교회에 알리고 교회의 말조차 듣지 않거든 그를 이방인이나 세리처럼 여겨라.

이에 반해 주요 영어 번역은 그 대명사를 적절히 드러냈다.

KJV: And if he shall neglect to hear them, tell it unto the church: but if he neglect to hear the church, let him be *unto thee* as an heathen man and a publican.

NRSV: If the member refuses to listen to them, tell it to the church; and if the offender refuses to listen even to the church, let such a one be *to you* as a Gentile and a tax-collector.

17절은 그 '죄인'이 교회의 말도 듣지 않는다면, 그 죄인을 고발한 '너'(단수)는 그를 이방인이나 세리로 여기라고 말한다. 그 '죄인'은 '너'에게 죄인이다. 그러나 거기까지다. 보복이나 복수를 말하지도, 공동체로부터의 추방도 언급하지 않는다. 도리어 21~35절은 형제가 죄를 범하면 무한히 용서해주어야 한다고 권면한다. 예수는 각각 마음으로부터 동료의 죄를 용서하지 않는 사람은 하늘 아버지의 용서를 얻지 못한다고까지 말한다(35절). 서로는 서로를 불쌍히 여겨야 한다. 우리가 살펴본 본문에 따르면 다음과 같은 시나리오가 가능할 것이다.

마태공동체의 구성원인 나사로가 형제의 죄를 발견했다. 혹은 그 형제가 자신에게 죄를 지었다. 그는 이것이 죄인지 분명히 알지만 형제를 자신의 판단에 따라 함부로 '죄인'으로 정죄하지 않는다. 나사로는 그 형제에게 가서 그것이 죄라고 말한다. 그러나 나사로의 마음은 아직도 그 형제를 불쌍히 여기며, 죄를 범한 그 사람에게 열려 있다. 그래도 말을 듣지 않으면 동료들과 함께 그에게 권고한다. 동료들과 함께 나사로는 그것이 죄라고 확신하지만 아직 그를 죄인으로 단정하지 않는다. 지금이라도 돌이켜 회개하면 그 형제는 어디까지나 형제로 남는다. 그는 아직 나사로에게 형제다. 그러나 이도 실패하면 드디어 그 형제의 행위를 교회에 보고한다. 교회의 판결이 나기 전에 나사로는 절대로 그를 죄인으로 정죄하지 않는다. 그는 죄를 저지른 불쌍한 형제일 뿐이다. 마침내 그 형제가 교회의 권고, 곧 하나님의 뜻을 모아 내린 교회의 권고에도 불응하면 그때에야 그는 비로소 나사로에게 '이방인과 세리' 곧 죄인이 된다. 공동체 내에서 죄인의 판단과 심판은 나사로 개인에게 달려 있는 것이 아니다. 그 판단은 오로지 '교회'에 달려 있다. 만약 그 죄를 범한 형제가 교회의 최종 판결이 있기 전에 회개하고 용서를 구한다면 나사로는 그를 용서해야 한다. 일곱 번을 일흔 번까지라도 말이다. 또한 그가 나사로에게 '죄인'이 된다 하더라도 그것으로 끝나야지 다른 보복이나 복수의 수단이 강구될 수는 없다.

진실을 파헤치지만, 곧 죄를 죄로 규정하지만 그에 마땅한 보응이 없다면 그 공동체가 유지될 수 있을까? 그 공동체는 건강할 수 있을까? 이러한 마태공동체의 규범이 낭만적이고 이상적인 것으로 들린다면, 지난 20세기에 남아프리카공화국에서 만델라의 지휘 아래 운영되었던 '진실과 화해 위원회'를 보라. 그들은 진실을 밝혔다. 백인들에 의해 저질러진 죄를 죄로 밝혔다. 그러나 그에 대한 복수는 없었다. 위원회는 진실을 밝히는 '범인'들을 사면하였다. 그것으로 남아프리카공화국은 피 없는 혁명을 이루었다. 이로써 만델라와 남아프리카인들은 성서의 '뜬구름 같은 메시지'를 20세기 국가적 차원에서 실행하고 성공시켰고, 비폭력 무저항 정신의 간디 및 인도 사람들의 뒤를 이었다.

믿음과 기도

8

믿음과 기도가 다른 종교에서도 공통적 요소이고 또 외국의 개신교도 그 두 사항을 강조함에도 불구하고, 믿음과 기도만큼 우리나라 개신교를 특징짓는 것이 드물다. 열성적인 믿음, 열광적인 기도는 우리나라 개신교인들을 세계 기독교인 가운데서도 유별난 존재들로 만들었다. 이는 긍정적인 측면을 가지고 있기에 일방적인 폄하는 옳지 않다. 그러나 우리의 믿음과 기도가 성서가 말하는 그것들과 적절하게 일치하는가에 관해서는 의문이 남아 있다. 이 장에서는 믿음과 기도에 관한 일련의 오해들을 다루고, 성서의 의미를 해명하고자 한다.

나는 무슨 일이든지 할 수 있습니다?

내가 궁핍해서 이렇게 말하는 것이 아닙니다. 나는 어떤 처지에서도 스스로 만족하는 법을 배웠습니다. 나는 비천하게 살 줄도 알고, 풍족하게 살 줄도 압니다. 배부르거나, 굶주리거나, 풍족하거나, 궁핍하거나, 그 어떤 경우에도 적응할 수 있는 비결을 배웠습니다. 나에게 능력을 주시는 분 안에서, 나는 모든 것을 할 수 있습니다. 빌립보서 4장 11~13절

문장은 문맥을 떠나서는 이해될 수 없다. 아니, 엉뚱한 오해만이 생길 뿐이다. 문맥을 떠난 문장을 이해한다고 나서는 일은 문장을 떠난 어구를 이해한다는 말과 같다. 어떤 문장이 있을 때, 그 문장 전체를 다 보지 않고 그 중 어떤 한 어구만 본다고 가정하자. 그렇게 될 때 그 일

부는 자신이 속한 문장의 뜻과 정반대가 되는 경우가 있다. 예를 들어, 갑이 "나는 공산당이 싫어요"라고 말했다고 하자. 이 문장 중에 '나는 공산당'이라는 어구만을 본 을이 갑은 공산당이 틀림없다고 하면, 그것은 여타의 말을 덧붙일 필요도 없이 우스운 일이다. 우리의 현대사에서는 그런 '우스운 사건'이 종종 발생했기에 우리는 그 반복되는 '유머'에 더 이상 웃지도 않지만 말이다.

인용된 본문 중 빌립보서 4장 13절의 말씀은 수난을 많이 겪은 구절이다. 마르틴 루터는 "주기도문이야말로 최대의 순교자"라고 했다지만, 한국 개신교회에서 이 구절만큼 '순교'당한 구절도 없으리라. 부흥회나 설교 강단에서 이 말씀은 '모든 것'을 하고 싶은 사람들에 의해 환호를 받았고, '모든 것'을 하고 싶으면 '나에게 능력 주시는 분' 안에 있어야 한다고 외치는 이들에 의해 강조되었다. 이때 '능력 주시는 분'은 '모든 것'을 하고 싶은 사람에게, 그 '모든 것'이 무엇인지를 묻지 않는 것으로 상정된다. 그러나 이것은 슬픈 오해이다.

빌립보서 4장 13절 전후 문맥을 보면 그 구절이 본의와는 얼마나 다르게 인용되어왔는지, 아니 정반대의 뜻으로 왜곡되었는지를 알게 된다. 4장 16~17절에 보면 빌립보 교회가 바울에게 무언가를 보냈다. 바울은 이를 매우 크게 기뻐하였다(10절). 그 기쁨의 이유는 바울이 궁핍하여 그 선물 자체의 경제적 가치가 크게 활용되었기 때문이 아니다. 그렇게 서로 주고 받음으로 성도의 교제가 실현되었기 때문이다(15절). 바울 자신은 이미 궁핍이나 비천함, 배고픔에도 자족하는 법을 배웠다(11-12절). 곧, 어떤 상황에서도 자신을 적응시킬 수 있는 일체의 비결을 배웠다(12절). 이는 자기가 스토아 철학자들이나 견유학파의 철학자들처럼 달관했기 때문이 아니라 하나님께서 자신을 붙잡아주시기에 가능했다. 바로 이것이 4장 13절, "나에게 능력을 주시는 분 안에서, 나는 모든 것을 할 수 있습니다"의 전후 문맥이다. 따라서 이때 '모든 것'은 '자기가 원하는 그 무엇이든'을 뜻하지 않는다. 도리어 '모든 것'은 바울이 닥쳤던 그 모든 상황에서도 적응하는 것을 가리킨다. 그러한 상황에서도 바울은 그것을 견디고 만족하는 능력을 하나님이 주신다고 고백하는 것이다. 성서적 믿음은 궁극적으로 '내가 무엇을 한다'에 초점이 있지 않다. 성서적 믿음은 '하나님이 하신다'를 받아들이는 것이다. 그분이 능력을 주시기에, 바울은 모든 상황을 견디고 자족할 수 있었다.

인도의 시성詩聖 타고르의 〈기탄잘리〉 중에 있는 아름다운 구절을 기억한다. "님은 산더미 같은 내 요구를 거절하심으로 나를 구원하셨습니다." 성서의 하나님은 우리의 산더미 같은 욕망을 실현시켜주는 능력을 우리에게 베풀고자 하지 않는다. 다만 "그리스도 예수 안에서 영광 가운데 그 풍성한 대로 너희 모든 쓸 것을 채우"실 것이다(19절, 개역). 다시 말해 하나님은 우리의 욕심이 아니라 '그리스도 예수 안에서 영광 가운데' 우리에게 쓸 것을 채우실 것이다. 덕지덕지 붙은 욕심을 제거하지 않으면 진리의 말씀이라는 성서도 얼마든지 왜곡될 수 있다. 4장 13절에 관한 오해는 이를 잘 보여준다.

믿는 자에게는 능치 못함이 없다?

"귀신이 그 아이를 죽이려고, 여러 번, 불 속에도 던지고, 물 속에도 던졌습니다. 하실 수 있으면, 우리를 불쌍히 여기시고, 도와주십시오." 예수께서 그에게 말씀하셨다. "'할 수 있으면'이 무슨 말이냐? 믿는 사람에게는 모든 일이 가능하다." 그 아이 아버지는 큰소리로 외쳐 말했다. "내가 믿습니다. 믿음 없는 나를 도와주십시오." 마가복음서 9장 22-24절

우리는 새번역을 인용했지만, 개역 성서의 고어투를 소리 내어 읽으면 9장 23절의 극적인 효과를 느낄 수 있다. "예수께서 이르시되 할 수 있거든이 무슨 말이냐 믿는 자에게는 능치 못할 일이 없느니라." 적지 않은 사람들은 이 구절이 속한 이야기가 무엇인지는 잘 몰라도 이

구절만큼은 즐겨 외운다. 이 구절에 대한 통념적 이해는 '믿음을 가진 사람은 모든 일을 할 수 있다'는 것이다. 그러나 이러한 이해가 적절한 것일까? 우선 이 구절에 대한 여러 성서들의 번역을 보자.

개역개정: 예수께서 이르시되 할 수 있거든이 무슨 말이냐 믿는 자에게는 능히 하지 못할 일이 없느니라 하시니

공동번역/공동번역개정: 이 말에 예수께서 "'할 수만 있다면' 이 무슨 말이냐? 믿는 사람에게는 안 되는 일이 없다" 하시자

KJV: Jesus said unto him, If thou canst believe, all things are possible *to him that believeth*.

NRSV: Jesus said to him, "If you are able! — All things can be done *for the one who believes*."

NIV: "'If you can'?" said Jesus. "Everything is possible *for one who believes*."

우리말 번역에는 다소 모호하나 영어 번역에는 드러나

있듯이 이 구절에서 '믿는 사람'은 문장의 주어 혹은 주체가 아니다. 곧 믿는 사람이 주체로서 '모든 일'을 한다는 것이 아니다. 도리어 '모든 일'이 문장의 주어이다. 헬라어에서는 이것을 좀 더 분명히 알 수 있는데, '믿는 사람' 앞에는 남성 단수 여격dative(혹은 간접목적어)의 정관사 'tōi'가 있다. 이를 직역하자면, 우리말 번역의 '믿는 사람에게는'에서 '는'을 뺀 '믿는 사람에게'가 된다. '는'은 주격 조사로 혼동될 여지가 있기에 이해를 위해서 우선 그것을 삭제하고 읽어야 한다. '모든 일'은 무생물 주어이고, 그것이 무엇인가를 능동적으로 행하는 것이 아니기 때문에, 이 문장은 주어가 숨은 수동태 문장이라고 할 수 있다. 우리말에는 수동태가 뚜렷하지 않지만 수동태를 가지고 있는 영어의 번역(독일어 번역도 마찬가지)은 이를 살려두었다. 그러나 KJV와 NIV와 같은 번역은 그 숨은 수동태 주체가 '믿는 사람'을 가리킬 수도 있게 해놓았다. 그 두 번역은 '믿는 사람에게는 모든 일이 가능해진다'는 뜻으로도 읽을 수 있다. 이에 반해 NRSV를 "믿는 사람을 위해 모든 일이 일어날 수 있다"로 읽는다면, 이것이 성서 이야기의 본뜻과 가장 일치하는 것이 된다. 그렇다면 '믿는 사람을 위해 모든 일'을 일어나게 하는 그 숨은 주체는 누구일까? 이를 알기 위해서는 그 구절이 속한 문맥을 보아야 한다.

예수가 제자들에게 하나님의 나라가 권능dunamis으로 올 것을 말하고 나서(9:1) 엿새 후에 예수는 베드로, 야고보, 요한만을 데리고 산에 오른다(9:2). 그곳에서 예수는 영광스러운 모습으로 변모하고 모세 및 엘리야와 함께 대화를 나눈다(9:4). 변화 산상에서 구름 속의 소리, 곧 하나님의 소리가 나서 예수를 자신의 사랑하는 아들로 선언한다. 또한 구름으로부터 나는 소리는 예수의 말에 순종하라고 요구한다(9:7). 그러나 이 일이 일어나는 그 시간에 산 아래에서는 정반대의 상황이 전개되고 있었다. 하나님 나라가 '권능'으로 임하고 예수는 하나님 나라의 권능을 실행한 하나님의 사랑하는 아들로 천명되는 반면, 땅에 있던 예수의 다른 제자들은 '권능'을 행하지 못한다. 그들은 귀신이 사로잡은 한 아이를 고치지 못하였다. 예수가 그곳에 모인 사람들에게 다가오자 그 아이의 아버지가 예수에게 나아와서 "만약 무엇인가를 하실 수 있다면ei ti dunē 우리를 불쌍히 여기시고, 우리를 도와주세요"(9:22)라고 말한다. '만약 무엇인가를 하실 수 있다면'의 동사는 'dunē'인데, 이것은 '권능'을 의미하는 'dunamis'와 같은 어근으로 원형은 'dunamai'이다. 'dunē'는 'dunamai'의 변화 형태로 2인칭 단수를 주어로 갖는다. 이때 'dunē'의 주어는 당연히 예수이다. 9장 23절은 이 아버지의 요청에 대한 답변으로 이루어진다. 예수는 아이 아버지의 '만약 무엇인가를 하실 수 있다면ei ti dunē'이라는 말을 받아, "'만약 하실 수 있다면'ei dunē이 무슨 말인가" 하고 답한다. 이 구절의 'dunē' 역시 주체는 당연히 '예수'이다. 이후에 바로 이어지는 예수의 말이 "모든 일이 믿는 사람에게 일어난다"는 것이다. 이를 통해 볼 때, 이 수동태 문장의 숨은 주어가 명백히 드러난다. 그 숨은 주체는 바로 '예수'이다.

마가복음서 9장 1~7절은 하나님 나라가 권능으로 임하고, 그 임하는 하나님 나라는 하나님의 사랑하는 아들인 예수에 의해 실행됨을 가르친다. 또 그 권능으로 임하는 예수에게 순종해야 함을 촉구한다. 9장 23절이 속한 귀신들린 아이 치유 이야기는 9장 1~7절의 가르침이 어떤 의미인지를 구체적으로 보여주는 이야기로 등장한다. 귀신은 한 아이를 사로잡았다. 그러나 사람들은 귀신에 맞서 아무런 권능을 발휘하지 못한다. 그들에 의해서는 귀신에 사로잡힌 아이가 치유될 가능성이 없다. 이들의 유일한 출구는 예수이다. 하나님이 사랑하는 아들 예수는 권능으로 임할 하나님 나라를 실행할 수 있다. 그에 대한 믿음이 하나님의 권능을 이 땅에 가져올 것이다. 예수의 권능은, 어떤 일은 할 수 있고 다른 일은 할 수 없는 것이 아니다. '예수 그대가 할 수 있으면'은 성립하지 않는다. 예수는 하나님 나라의 권능으로 하나님이 예수를 통해 일한다고 믿는 사람들을 위해 '모든 것'을 일으킬 수 있다. 따라서 9장 23절은 '믿음'을 가진 '사람'이 '모든' 것을 '할 수 있다'를 의미하지 않는다. 그곳에서 '믿음'이란 예수와 그의 권능에 대한 전적인 신뢰이다. '모든' 것을 하는 주체도 '믿는 사람'이 아니라 '예수'가 된다.

'믿는 사람에게는 능치 못할 일이 없다'에 대한 통념적인 오해는 긍정적 사고의 힘 혹은 긍정의 힘과 곧잘 연결되곤 한다. 또한 이에 관한 글들이 날개 돋힌 듯 팔리고 있다. 그 자체에 대해서는 비난할 이유가 없다. 실로 긍정은 많은 힘을 우리에게 선사한다. '믿음'이라는 것 역시 정신 건강에 실제적인 효과를 가지고 있다고도 한다. 그러나 마가복음서 9장 23절이 가르치는 믿음은 그러한 '긍정적 힘'과는 완전히 다른 것이다. '나'를 긍정하는 것이라기보다는 하나님의 능력을 신뢰하며 수용하려는 태도를 가리키는 것이다. 따져보면 우리가 자신을 향해 꾸는 꿈 혹은 삶의 상상력은 우리의 수준을 벗어나기 어렵다. 하나님 신앙은 우리 삶의 가능성을 우리의 한계 속에 가두지 않도록 돕는다.

여러분의 소원을
하나님께 아뢰십시오. 그러면,

아무것도 염려하지 말고, 모든 일을 오직 기도와 간구로 하고, 여러분이 바라는 것을 감사하는 마음으로 하나님께 아뢰십시오. 그리하면 사람의 헤아림을 뛰어넘는 하나님의 평화가 여러분의 마음과 생각을 그리스도 예수 안에서 지켜줄 것입니다. 빌립보서 4장 6-7절

율리우스 카이사르가 남긴 명언 중에 이런 것이 있다. "사람은 자기가 보고 싶은 것만 본다." 좋게 새기면 자신의 관심 분야에 주의를 기울인다는 뜻이 되겠지만, 이 말은 이른바 소망적 사고를 꼬집는 말이다. 자신이 바라는 바대로 일이 되어주기를 원하기에, 그렇게 될 징조나 조건들만 본다는 것이다. 성서 읽기에도 유사한 경우가 많

다. 위에 인용된 본문인 빌립보서 4장 6~7절도 그러하다. 이 구절의 본의를 알기 위해서는 빌립보서의 전후 문맥을 먼저 검토해보아야 한다.

흔히 바울의 편지는 직설법indicative과 명령법imperative으로 나뉜다고 한다. 편지의 전반부는 교리적인 내용으로, 후반부는 윤리적인 내용으로 구성되어 있다는 것이다. 이러한 구분이 꼭 들어맞는 것은 아니고, 각각의 교리와 윤리적 내용이 서로 섞여 있기는 하지만 이 구분은 큰 줄거리를 보게 해준다. 4장은 빌립보서의 마지막 장으로서, 신앙인의 생활에 대한 교훈이 연이어 나오는 장이다. 우리의 본문도 이렇게 연속된 권고의 한 자락을 차지한다. 4장 1~3절은 유오디아와 순두게를 추천하면서 주 안에서 같은 마음을 품고, 서로 도우라는 권고를 한다. 4~5절은 주 안에서 항상 기뻐하라는 격려와 관용을 제시한다. 그리고 8~9절은 참과 경건, 의와 정결을 갖추라고 교훈한다. 6~7절은 바로 이러한 전후 문맥에 놓여 있다.

요절이 되어버린 우리의 본문에서 사람들이 읽고 싶어하는 것은 6절이다. 풍파 많은 세상에서 아무것도 걱정하지 말라는 말처럼 좋은 것이 어디에 있을까? 또 감사함으로 기도와 간구를 통하여 우리의 소원을 하나님께 아뢰라는(그리스 성서는 수동태로 "하나님께 알려지게 하라") 말도 언제나 기도가 부족한 우리에게 위로 섞인 권면이 되는 말이다. 그런데 그다음이 문제다. 우리는 흔히 아무것도 걱정하지 말고, 감사함으로 기도와 간구로 하나님께 우리의 소원을 아뢰면, 그러면 하나님께서 그 소원을 들어주신다는 내용이 뒤이어 나오리라 기대한다. 그리고 7절을 정확히 읽거나 그 뜻을 곰곰이 살피지 않는다. 그런데 7절의 내용은 우리의 소망 섞인 기대와는 다른 내용을 전해준다.

7절에 따르면 하나님께서는 우리가 기도를 통하여 알려드린 소원과 간구 내용을 그대로 실행해주시리라 하지 않는다. 다만 그분, 곧 모든 생각을 뛰어넘으신 하나님의 평화가 그리스도 예수 안에서 우리의 마음과 생각을 보호해주실 것이라고 되어 있다. 언뜻 보면 실망스러운 약속이다. "'기껏' 마음과 생각을 지켜주신다니, 화끈하게 우리의 간구를 들어주시지…." 그러나 로또 당첨을 보장하시기보다 우리의 '마음과 생각'을 지켜주신다는 하나님의 약속이 더 소중하고 귀하다는 사실을 깨닫기란 어렵지 않다. 우리의 생명과 건강이 거기에 달려 있기 때문이다. "무릇 지킬 만한 것보다 더욱 네 마음을 지키라. 생명의 근원이 이에서 남이니라"(잠 4:23, 개역).

과부, 성가신 기도의 성공자인가?

주님께서 말씀하셨다. "너희는 이 불의한 재판관이 하는 말을 귀담아들어라. 하나님께서 자기에게 밤낮으로 부르짖는, 택하신 백성의 권리를 찾아주시지 않으시고, 모른 체하고 오래 그들을 내버려두시겠느냐? 내가 너희에게 말한다. 하나님께서는 얼른 그들의 권리를 찾아주실 것이다. 그러나 인자가 올 때에, 세상에서 믿음을 찾아볼 수 있겠느냐?" 누가복음서 18장 6-8절

예수의 비유는 비유라는 장르의 특성상 무수한 이해를 가능케 한다. 이 점을 감안하면, 비유 해석의 다양성이 특정한 신학적 관념에 의해서 제한되어서는 안 된다. 그러나 비유 해석의 다양성과 비유의 곡해는 다르다. 곡해는

본문의 지원을 받지 못하는, 비유를 주석exegesis(본문의 의미를 본문으로부터 밖ex으로 끌어내다)하기보다는 비유에 자신의 생각을 일방적으로 주입하는 독법이라고 할 수 있다. 인용된 본문은 우리가 '과부와 재판장 비유'로 부르는 비유이다. 이 비유도 적지 않은 곡해의 대상이었다.

통념적으로 이 비유는 18장 1절에 나온 기도에 근거해 기도에 관한 비유로 간주되었다. 그러고는 이렇게 교훈된다. '과부가 불의한 재판관을 계속 찾아가 귀찮게 졸라대어 자신의 뜻을 이루었듯이 우리도 낙망하지 말고 뜻이 이루어질 때까지 계속해서 하나님을 귀찮게 하는 기도를 해야 한다. 그러면 하나님께서 귀찮아서라도 그의 기도를 들어주신다.' 그러나 정말 이러한 해석이 이 비유를 적절히 주석한 것일까? 과연 이러한 해석은 누가-행전의 전체 기도 신학과 어울리는 해석인가?

어떤 본문도 그렇듯이 이 비유도 전후 문맥이 비유 해석에 중요한 역할을 한다. 이 비유가 나오기 전의 이야기의 주제는 하나님 나라의 도래이다. 거기서 바리새파 사람들은 하나님의 나라가 언제 오느냐고 묻고 있다. 예수는 이에 대해 답변한 후(17:20-21), 인자의 임함(파루시아)과 그와 관련된 일들에 대해 제자들에게 교훈한다(17:22-37). 곧 이 비유의 전 문맥은 하나님 나라의 임재, 인자의 파루시아, 종말에 있을 일 등에 관계된 것이다. 또 비유가 시작되기 바로 전에 예수는 "주검이 있는 곳에는 또한 독수리들이 모여들 것이다"라고 말한다(17:37). 이것은 종말이 있기 전에 벌어질 끔찍한 일들을 생생하게 묘사하는 것이다. 종말이 오기 전에 발생할 참혹한 일로 시체들이 즐비하게 땅에 널릴 것이며, 사람들은 이 주검을 채 수습할 겨를도 없을 것이다. 비유는 바로 이러한 이야기 흐름 속에서 등장한다. 예수는 하나님 나라의 임재에 앞서, 다시 말해 하나님의 통치가 올바로 실행되어 세상에 참 평화(샬롬)와 정의가 실행되기에 앞서 벌어질 참혹한 종말의 일을 앞에 두고 '늘 기도하고 낙심하지 말아야 한다' 고 권면하면서 이 '과부와 불의한 재판관 비유'를 시작한다(18:1).

비유의 이야기는 이렇다. 한 도시에 하나님을 두려워하지 않고 사람도 존중하지 않는 재판관이 있었다. 당시 사회에서 재판관은 단지 사법적 기능만을 담당한 사람을 일컫지 않는다. 재판관은 지역 사람들의 삶의 꼴을 형성하는 실질적인 지도자이다. 그런데 비유의 그 재판관은 불의하다(18:6). 반면 한 과부가 있다. 성서 전통에 따르면 과부는 약자의 상징이다. 고대 유대인의 가부장제 사회에서 과부는 남들의 호의가 아니고서는 제대로 살아갈 수가 없다. 원천적으로 경제 활동이 불가능했기 때문이다.

비유는 한 도시에 사는 두 인물을 소개한 후 과부의 말과 행위를 소개한다. 그 과부는 재판관에게 계속해서 가서 "내 적대자들에게서 내가 정의를 얻을 수 있도록 해주시오"라고 말하였다(18:3, 저자 사역). 우리에게 익숙한 개역은 과부의 말을 "내 원수에 대한 나의 원한을 풀어주소서"라고 옮긴다. '원한을 풀어달라'(개역)는 헬라어 '에크디케오ekdikeō'의 번역이다. 이 단어는 개역이 번역한 대로 '복수하다', '처벌하다'의 의미도 있지만, 기본적으로는 '정의를 얻도록 돕는다'를 뜻한다. 이 비유의 해석을 위해서는 과부의 말과 행동이 중요하다. 과부는 하나님을 두려워하지도 않고 사람도 존중하지 않는 사회에 살고 있다. 그는 이러한 사회에서 불의한 일을 당했다. 이 연약한 과부의 상대는 불의한 지도자와 그의 무관심 속에 숨어서 과부에게 해를 끼친 불의한 사람이다. 그러나 과부는 결코 불의에 굴복하지 않았다. 과부는 불의한 재판관을 향해 끊임없이 정의를 요청한다. 과부가 당한 부정의가 무엇인지는 확실히 알 수 없다. 다만 과부는 매일 불의한 재판관을 찾아가지 않으면 안 될 만큼 그 정의가 실행되지 않으면 안 되는 절박한 상황에 놓여 있다. 상황은 역전될, 아니 최소한 개선될 여지가 없어 보인다. 그러나 과부는 낙담하지 않는다. 그는 불의한 사회에서 불의한 지도자와 불의한 가해자를 향해 정의를 요구한다.

과부가 줄기차게 요구한다고 불의한 세상 자체가 바뀌지는 않는다. 불의한 재판장도 바뀌지 않는다. 불의한 재판장은 과부의 요구로 하나님을 두려워하거나 사람들을 존중하게 되지 않는다. 단지 그는 자신이 "하나님도 두려워하지 않고, 사람도 존중하지 않는다"(18:4)고 고백할 뿐이다. 그가 정의롭게 되지는 않지만, 그는 정의를 구하는 과부의 요구를 들어주기로 한다. 과부가 자꾸 찾아와 자신을 못 견디게 하기 때문이다(18:5).

이제까지의 논의는 '성가실 정도로 질긴 과부'라는 이전 이해에 수정을 가하도록 한다. 과부는 무엇인가를 더 얻으려는 사람이 아니다. 그는 불의한 사회에서 불의한 사람들에게 침해당한 자신의 정의를 되찾고자 한다. 이 과정에서 그는 불의한 사회의 불의한 사람들 앞에서 낙담하거나 절망하지 않는다.

예수는 그 과부의 낙심하지 않는 자세를 지적한다. 제자들은 불의한 세상에서 그 불의를 고스란히 당하며 시체처럼 '입 닥치고' 있어서는 안 된다. 그들이 고통으로 '부르짖는' 그 소리를 하나님은 들으시기 때문이다(18:7). 여기서 '부르짖다'로 번역된 '보아오boaō'는 기도보다는

244

아픔에서 나오는 절규를 가리킨다. 이 단어가 신약성서에서 기도를 의미한 경우는 거의 없다. 이 단어는 고난 중에 부르짖는 외침, 곧 예수가 십자가 상에서 부르짖었다고 할 때 쓰인 바로 그 단어이다(마 27:46; 막 15:34). 하나님은 제자들이 고통 속에서 부르짖는, 불의한 세상에서 정당한 권리를 빼앗겨 부르짖는 그 소리에 반응하실 것이다. 하나님은 '얼른'(18:8) 그 소리를 듣고 정의를 회복하실 것이다. 재판장의 판결이 곧바로 현실화되는 것처럼, 아니 그 이상으로, 하나님의 대리자인 인자는 세상에 와서 하나님의 정의를 실현할 것이다. 이 '얼른'은 17장 20절에서 바리새인들이 제기한 질문, 곧 하나님 나라가 '언제' 오는가에 대한 답변이기도 하다.

예수는 인자가 이 땅에 올 때, 그와 같이 불의한 세상에서 핍박받으며 갈취당하면서도 계속적으로 정의를 요구하고, 그 정의의 요구를 하나님이 실행하실 것이라고 믿는 이들을 과연 찾아볼 수 있겠느냐고 제자들에게 묻는다. 예수의 말대로, 하나님의 정의와 그 정의의 온전한 실현을 믿고 익숙한 절망을 거부하는 그 과부를 과연 찾아볼 수 있겠는가?

이해와 오해

9

무엇인가를, 누군가를 이해하는 과정에서 기존에 가지고 있던 생각을 완전히 지울 수 있는 사람은 없다. 그러나 열린 사람은 다가오는 사실을 설명하는 데에 자신의 관념이 부적합할 경우 자신의 전前이해를 수정한다. 그에게 "고정관념은 깨도 아프지 않다". 열린 사람은 이를 통해 한층 더 나은 삶과 인식으로 나아가고자 한다. 그렇지 않고 자신의 전이해만을 고집하려는 사람은 관견管見을 지닌 채 살아가게 될 것이다. 예수와 동시대를 살았던 적지 않은 사람들은 예수를 어떻게 분류하고 평가해야 할지 난감해했다. 그를 둘러싼 말들은 마치 뫼비우스의 띠처럼 이해와 오해 사이를 구분 없이 오고갔다. 예수는 자신에 대한 몇 가지 오해를 반박했다. 이 장에서는 이와 관련된 내용들을 다룬다.

예수와 바알세불

예루살렘에서 내려온 율법학자들은, 예수가 바알세불이 들렸다고 하고, 또 그가 귀신의 두목의 힘을 빌어서 귀신을 쫓아낸다고도 하였다. 그래서 예수께서 그들을 불러놓고, 비유로 그들에게 말씀하셨다. "사탄이 어떻게 사탄을 쫓아낼 수 있느냐? (…) 내가 진정으로 너희에게 말한다. 사람들이 짓는 모든 죄와 그들이 하는 어떤 비방도 용서를 받을 것이다. 그러나 성령을 모독하는 사람은 용서를 받지 못하고, 영원한 죄에 매인다." 예수께서 이 말씀을 하신 것은, 사람들이 "그는 악한 귀신이 들렸다" 하고 말하였기 때문이다. 마가복음서 3장 22-23, 28-30절

공생애 기간 동안 예수의 사역을 특징짓는 것 중 하나

가 바로 축귀逐鬼이다. 어떤 학자들은 세례자 요한과 예수를 구별 짓는 가장 중요한 특징이 바로 이 축귀였다고 서슴없이 주장할 정도이다. 그들의 주장이 다소 과장된 측면이 없진 않지만 예수의 사역에서 축귀의 의미는 자못 크다. 예수 자신도 축귀 사역에 상당한 의미를 부여한다. 예를 들어, 예수는 축귀가 하나님의 나라가 임했다는 직간접적인 증거라고 선언하였다(마 12:28). 당대의 일부 사람들은 예수의 주장에 충분히 동의했을 것이다. 악한 영인 귀신을 쫓아낸다는 것은 인간적인 능력 이상의 무엇이 필요하기 때문이다. 예수의 축귀로 사람들이 놀라움 가운데 예수의 권위를 인정하는 일들이 벌어졌다(막 1:27-28). 예수의 축귀를 긍정적으로 보는 이들에게 예수는 하나님의 대리자로서, 성령에 힘입어 귀신을 쫓아내는 참다운 메시아, 또 하나님의 아들이었다.

그러나 다른 이들은 예수의 축귀를 다른 식으로 해석했다. 본문에 등장하는 율법학자들은 '예수의 축귀는 예수가 바알세불에게 사로잡혔기에 가능한 일'이었다고 단언한다. '바알세불Beelzeboul'은 구약 시대 때부터 나오는 고대 근동의 신의 이름이다. '바알세불'은 '높은 거처의 주' 곧 산당이나 제단의 주인이라는 뜻인데, 블레셋 사람들은 바알세불을 하나님으로 섬겼다(왕하 1:2). 그러나 유대인들에게 주는 오직 한 분 야웨밖에 없었기에 그들은 '바알세불'을 '바알제붑Baalzebub'으로 바꾸어 불렀다. '바알'은 주主, 소유주 혹은 신적 존재를 가리키는 일반 명사로 부인이 남편을, 종이 주인을 호칭할 때 사용하는 단어이다. '바알제붑'은 이 '바알'에 '제붑'이 붙은 것인데, '제붑'은 '파리flies'를 의미한다. 그리하여 바알세불 곧 '높은 거처의 주'가 '파리의 주'(바알제붑)가 되었고, 유대인들은 조롱 섞인 호칭으로 우두머리 마귀를 가리켰다.

예수는 자신이 바알세불에게 사로잡혔다는 율법학자들의 발언에 대단히 격노하였다. 예수는 그런 말을 하는 사람들을 일부러 '불러다가' 그들의 주장을 반박하고(막 3:23-27), 사람의 모든 죄와 모든 모독은 용서받을 수 있지만 성령을 모독하는 일은 영원한 죄로 남는다고 경고한다(28-29절). 여기서 성령을 모독하는 일이란 성령에 힘입은 축귀 사역을 왜곡함을 가리킨다.

이 이야기를 가만히 묵상하면 편견과 무지가 얼마나 기괴하게 사람의 판단력을 흐리게 하는지 알게 된다. 율법학자들은 제대로 배운 바 없는 나사렛 '촌놈'이 행하는 치유와 축귀, 그리고 급진적으로 보이는 그의 가르침과 행태를 이해할 수 없었다. 더군다나 그가 자신들과 자신들이 애지중지하는 전통에 도전하며 민중의 인기를 끌고 있는 것도 마땅치 않았다. 그래서 그들이 한 일은 바알 세불을 예수의 배후로 지목하는 것이었다. 그의 배후에는 바알세불이 있고, 그의 능력은 바알세불에게 사로잡힌 결과일 뿐이라고 단정한다. 이로써 그들은 어디로 분류해야 할지 몰랐던 예수를 '분류'하고 자신들의 안정감을 되찾으며, 민중의 관심을 차단하려 하였다. 정작 예수를 진정으로 이해하려 노력하기 전에 말이다. 요사이도 그런 '예루살렘에서 내려온 율법학자들'을 어디서 본 듯하지 않은가?

네가 말한다

예수께서 총독 앞에 서시니, 총독이 예수께 물었다. "당신이 유대인의 왕이오?" 그러나 예수께서는 "당신이 그렇게 말하고 있소" 하고 말씀하셨다. 예수께서는 대제사장들과 장로들이 고발하는 말에는 아무 대답도 하지 않으셨다. 그때에 빌라도가 예수께 말하였다. "사람들이 저렇게 여러 가지로 당신에게 불리한 증언을 하는데, 들리지 않소?" 예수께서 한마디도, 단 한 가지 고발에도 대답하지 않으시니, 총독은 매우 이상히 여겼다. 마태복음서 27장 11–14절

　벨기에의 초현실주의 화가 르네 마그리트René Magritte (1898-1967)의 그림 〈이것은 파이프가 아니다Ceci n'est pas une pipe〉를 본 일이 있을 것이다. 덩그러니 그려진 파이

프담배 아래에 "Ceci n'est pas une pipe."라는 문구가 적힌 그림 말이다. 마그리트는 한 걸음 더 나아가 그 그림이 그려진 캔버스가 놓인 이젤 위로 커다란 파이프가 허공에 떠 있는 또 다른 그림을 그리기도 했고, 이들 그림은 미셸 푸코의 비평으로 한층 더 유명해졌다. 언뜻 이 그림들은 역설적이다. 왜 '이것'이 파이프가 아니란 말인가? 두 번째 그림에 대한 푸코의 분석에 따르면 이렇다. 1) 이것은 파이프가 아니라 파이프의 데생일 뿐이다. 2) 이것은 파이프가 아니라 '이것은 파이프이다'라고 말하고 있는 문장이고, 3) '파이프가 아니다'란 문장은 파이프가 아니며, 4) '이것은 파이프가 아니다'란 문장에서 '이것'은 파이프가 아니고, 또한 5) 그림, 기록된 문장, 파이프의 데생, 이 모든 것은 파이프가 아니다. 복잡한 듯하지만 마그리트의 제작 의도나 푸코가 해설한 것 모두 관습적으로 길들여진 의식을 문제 삼기 위한 것이다. 그들은 지시에 따라 사물을 순순히 수용하는 것을 거부하고, 나아가 기호 체계로 대상 세계를 파악하려는 믿음을 부정한다. 한번 생성된 고정관념이나 믿음, 그리고 편견은 실로 그 사람을 편안하게 하지만, 세상은 그처럼 간명하고 분명할 수 없다. 그러나 사람은 복잡한 세상에 질서를 주고 모든 사물에 제자리를 찾아주는 그 '질서'에서 좀처럼 벗어나려 하지 않는다.

예수의 재판에서도 그렇다. 유대인 지도자들은 빌라도
에게 로마에 대한 반역을 꾀했다는 죄목으로 예수를 넘
긴다. 빌라도의 질문은 간결 명료하다. "네가 유대인의
왕이냐?" 그렇다고 대답하면 반역을 꾀한 위법이고, 그렇
지 않다고 대답하면 고발자들과 예수 사이에 짧지 않은
논박이 오고 가게 될 것이다. 물론 예수의 말은 별다른
중요성을 갖지도 못할 것이지만. 마태에 의하면 예수는
"su legeis(쉬 레게이스)"라고 하였다. 개역 성서는 이를 "네
말이 옳도다"라고 번역하지만, 실상 그 문자적인 뜻은
"네가 말한다" 혹은 "네가 말하고 있다"일 뿐이다. 역동
적 번역 원칙을 채택한 공동번역의 "그것은 네 말이다"
나, 새번역의 "당신이 그렇게 말하고 있소" 등이 이 부분
에서는 더 적절한 번역을 한 셈이다. 예수의 대답은 그들
의 '게임의 법칙'에 참여하지 않겠다는 것이다. 예수는 그
들이 질서 지은 세상, 그들의 옳고 그름을 판가름하는 원
칙 자체 속에 발을 들여놓지 않겠다고 천명한다.

그들이 쓴 안경으로는, 그들의 눈으로는 예수의 세상
을 볼 수 없다. 마치 귀가 색깔을 구별할 수 없듯이, 초정
밀 음파탐지기라도 향기를 감지할 수 없듯이. 하늘나라
는 그들의 질문과 대답을 생성하는 문법 속에서 파악되

지 않는다. 빌라도는 한마디도 대답하지 않는 예수를 보며 크게 놀라워한다(마 27:14). 이 침묵은 간음하던 여인에 대한 처분을 선언하라는 성마른 군중들 앞에서 예수가 보였던 침묵과 일맥상통한다(요 8장). 예수는 그들의 문법으로 필연적으로 귀결할 수밖에 없는 결과에 반대하며, 그들의 문법 자체를 문제 삼고 있는 것이다. "네가 그렇게 말하고 있을 뿐"이다. '나는 너희들의 그물에 걸리지 않는 바람과 같다. 그물코가 아무리 촘촘하더라도 바람을 잡을 그물은 없다.'

분노인가 사랑인가

예수께서는 마리아가 우는 것과, 함께 따라온 유대 사람들이 우는 것을 보시고, 마음이 비통하여 괴로워하셨다. 예수께서 그들에게 물으셨다. "그를 어디에 두었느냐?" 그들이 대답하였다. "주님, 와 보십시오." 예수께서는 눈물을 흘리셨다. 그러자 유대 사람들은 "보시오, 그가 얼마나 나사로를 사랑하였는가!" 하고 말하였다. 그 가운데서 어떤 사람은 이렇게 말하였다. "눈먼 사람의 눈을 뜨게 하신 분이, 이 사람을 죽지 않게 하실 수 없었단 말이오?" 예수께서 다시 속으로 비통하게 여기시면서 무덤으로 가셨다. 무덤은 동굴인데, 그 어귀는 돌로 막아놓았다. 요한복음서 11장 33-38절

전달하고자 하는 내용을 좀 더 분명하고 쉽게 전달하

기 위한 문학 기법들이 여럿 있다. 그중에 하나가 오해를 통하여 이해를 진작하는 방법이다. 작가는 이야기에 등장하는 어떤 인물로 하여금 본질을 오해하게 하고, 이를 통하여 독자들에게 전하고자 하는 바를 명확하게 한다. 요한도 이러한 문학 기법에 대해서 잘 알고 있었고, 위의 이야기가 바로 그러한 대표적인 예들 중 하나이다.

위의 구절에 대한 통념적인 설교나 성서공부에서는 예수께서 나사로를 너무나 사랑해서 눈물까지 흘렸다고 가르친다. 그 후에 예수의 깊은 사랑과 같이 아파할 줄 아는 사려 깊은 동정심을 강조한다. 이러한 통상적인 해석은 본문에 나타나는 유대인들의 생각과 동일하다. 유대인들은 예수께서 나사로를 무척 사랑하셔서 눈물을 흘리는 것으로 여겼다. "보시오, 그가 얼마나 나사로를 사랑하였는가!" 그리고 그들은 그렇게 사랑함에도 불구하고 예수께서 자신의 능력 없음에 한탄하고 계신 것이 아닌가 하고 생각했다. "눈먼 사람의 눈을 뜨게 하신 분이, 이 사람을 죽지 않게 하실 수 없었단 말이오?" 그러나 바로 이 장면에서 요한은 그렇게 이해하고 행동하는 유대인들의 오해와 무지각을 들추어내고, 유대인처럼 이 장면을 이해해서는 절대로 안 된다는 점을 강조하고 있다.

이 단락 이해의 열쇠가 되는 것은 33절과 38절이다. 이 부분에 관한 한 새번역보다는 개역성서가 그리스어 뜻에 더 가깝다. 개역성서는 33절에서 예수가 "심령에 통분히 여기시고 민망히 여겼다"고 했다. 원통하고 분하다는 의미를 가진 '통분痛憤'은 그리스어 '엠브리마오마이embrimaomai'의 번역이다. 이는 신약성서에 5번 쓰였는데 (막 14:5; 마 9:30; 막 1:43), 그 용례들에서 볼 수 있듯이 사랑의 감정보다는 분노와 경고, 불평 등의 감정과 통한다. '답답하고 딱해 걱정스럽다'는 뜻의 민망憫惘은 신약성서에서 약 17회 정도 쓰인 '타라소tarassō'의 번역으로, 마태복음서 2장 3절, 14장 26절, 그리고 사도행전 17장 8절 등에서 볼 수 있듯이 격정에 휩싸인 심리 상태를 그려주는 단어이다.

이상의 단어 뜻과 신약성서에서의 용례를 통해 알 수 있듯이 그 두 단어는 예수의 눈물이 그토록 사랑하던 나사로의 죽음을 슬퍼하는 사랑의 눈물이 아니라고 판정하게 한다. 도리어 예수의 눈물은 생명과 부활 그 자체이며(11:25), 날 때부터 시각장애인이었던 사람의 눈을 뜨게 한 것으로 이미 증명된 하나님의 아들 예수와 그 권세를 바로 목전에 두고도 나사로의 죽음 때문에 통곡하는 이들에 대한 분노와 안타까움의 눈물이라고 하겠다. 곧 예수는 생명 자체인 자신을 앞에 두고도 죽음 때문에 절망하는 신앙적 시각장애인들과, 창조의 능력자를 목전에 두고도 '예수가 능력이 없는가' 하고 크게 통곡하는 불신 앙적 유대인들에 대해 깊은 분노와 안타까움을 표출하고 있는 것이다. 결론적으로 본문은 예수의 사랑에 대한 이 야기라기보다는 예수의 본질에 대해 무지한 이들을 향한 예수의 깊은 분노와 안타까움을 보여주는 이야기라고 하 겠다.

이 이야기에서 예수가 흘린 눈물이 '사랑의 눈물'이 아 니라고 섭섭해할 필요는 전혀 없다. 요한복음서에서 예 수의 사랑은 그가 흘린 피와 물이 증명해주고 있기 때문 이다(19:34).

'아빠(abba)'는 아빠인가?

예수께서는 이렇게 말씀하셨다. "아빠, 아버지, 아버지께서는
모든 일을 하실 수 있으시니, 내게서 이 잔을 거두어주십시
오. 그러나 내 뜻대로 하지 마시고, 아버지의 뜻대로 하여주
십시오." 마가복음서 14장 36절

예수가 하나님을 부르는 칭호 중에 가장 독특한 것으
로, 그래서 예수의 하나님 이해를 가장 명료하고 심도 있
게 나타낸 칭호로 '아빠abba'를 꼽는 사람들이 많이 있다.
그들은 아람어 'Abba'가 아이들이 아버지를 부를 때 쓰
는 '아빠'라고 주장한다. 이런 주장의 대표자격인 예레미
아스Joachim Jeremias는 유대 문헌들에 하나님이 '아빠'라
는 친근하고 개인적인 말로 불린 적이 거의 없다면서, 이

말이 예수의 자기 이해와 하나님 이해에 결정적이라고 논증하려 하였다.

'아빠'는 마가복음서 14장 36절, 로마서 8장 15절, 갈라디아서 4장 6절 등 신약성서에서 총 3번이 쓰였다. 모두 "아빠 호 파테르abba ho patēr"의 형태로 나타나는데, 앞의 '아빠'는 아람어이고, 뒤의 '호 파테르'는 '아버지'를 의미하는 그리스어다. 아람로 먼저 '아빠'를 부르고 아람어를 모르는 이방인이나 디아스포라 유대인을 위해 그리스어 번역을 제시하는 형태라고 할 수 있다.

학자들의 계속되는 연구를 통하여 두 가지 점이 밝혀졌다. 하나는 유대인들 역시 하나님을 향하여 '아버지'로 불렀다는 점이다. 둘째, '아빠'는 아이들이 아버지를 부르는 말이기도 하지만 동시에 성년의 자식이 아버지를 부를 때에도 사용되었다는 것이다. 결국 축적된 연구는 '아빠abba'가 '아빠'라고만 할 수 없으며, 유대인들 역시 하나님을 '아빠'로 불렀다는 결론에 다다르게 되었다. 그런데도 아직 교회 현장의 목회자들이나 일부 신학자들은 '아빠'가 예수만이 거의 유일하게 부른 하나님 칭호이며, 그것이 어린아이가 아버지를 부를 때의 '아빠'라고 우긴다.

물론 예레미아스 등의 주장이 완전히 폐기되어야 하

는, 학문적 거짓은 아니다. 절대적으로는 아니더라도 확실히 예수처럼 하나님을 '(나의) 아버지'라고 부른 사람은 많지 않기 때문이다. 그래서 하나님을 향하여 '아빠'라는 칭호를 사용한 예수의 하나님 이해 및 자기 이해는 1세기 유대교에서 지극히 평범한, 그래서 아무런 독특성도 없는 그런 것에 머물지 않는다. 여기서 우리가 눈여겨보아야 할 것은 '아빠'가 아빠라고 (거의 예레미아스 수준의 확신에 찬 논조로) 주장하는 사람들의 (학문적이라기보다는) 심리적, 종교적 이유이다.

그들은 예수가 절대적으로 독특하기를 원한다. 예수가 하나님의 유일한 아들이라는 신앙을 뒷받침하는 학문적 이유를 찾으려 하기 때문이다. 이른바 '보수주의적 신학자'들이 이러한 노력을 경주하는데, 그리하여 예레미아스 같은 '자유주의 신학자'가 그들에게서 그토록 환영을 받았다.

'보수'니 '진보'니 해서 그렇지 않아도 혼란스러운 세상과 교회에 갈등을 부추기려는 의도는 전혀 없다. 그러나 예전 독일의 나치 시절 일부 신학자들이 유대인 말살의 근거를 성서에서 찾았다는 사실을 곰곰이 되새겨보면 학문이라는 업業이 추구해야 할 사명이 무엇인지 다시 한번 생각하게 된다. 그들은 예수가 자신들과 같은 아리안 계통의 사람이었고, 말로 다 할 수 없이 더러운 유대인들로 말미암아 죽었다고 학문적으로 논증하였다. 그리고 그 '사실'을 들은 많은 이들은 격분하여 '우리의 구주를 죽게 한 유대인'이 말살되어도 좋을 신앙적 이유를 획득하였다. "'아빠'가 아빠다"라는 주장은 분명 그처럼 위험한 것은 아니다. 그러나 평소에 연습해두지 않으면 언제 또 학문이 글자 그대로 무지막지無知莫知한 일을 저지를지 누가 알랴.

경배와 의심

열한 제자가 갈릴래아로 가서 예수께서 그들에게 알려주신 산에 이르렀다. 그들은 예수를 보고 경배했다. 그러나 그들은 의심했다. 그러자 예수께서 그들에게 다가와서 말씀하셨다. "하늘과 땅의 모든 권세를 내게 주셨으니 여러분은 가서 모든 민족을 제자로 삼아 아버지와 아들과 성령의 이름으로 세례를 주십시오. 내가 그대들에게 명령한 모든 것을 지키라고 가르치십시오. 보십시오, 내가 세상 끝날까지 항상 여러분과 함께 있을 것입니다!" 마태복음서 28장 16-20절(저자 사역)

마태복음 28장 16~20절은 부활한 예수가 제자들에게 이른바 대위임大委任명령을 내리는 장면으로 유명하다. 이 본문의 주석과 해석을 시도한 많은 연구가 있었지만, 28장 17절의 번역 문제에는 비교적 소수의 학자가 논의에 참여했다. 언뜻 이 구절을 이해하는 데는 어떤 어려움도 없어 보인다. 17절(그들은 예수를 보고 경배했다. 그러나 그들은 의심했다)은 접속사 두 개, 분사 하나, 대명사 두 개, 동사 두 개, 관사 하나가 전부인 간단한 문장이다. 문법적 혼란도 없고, 사용되는 단어도 기초적인 것들이다. 따라서 초급 그리스어를 공부한 사람들은 그 문장을 쉽게 번역할 수 있다. 28장 17절은 그 산에서 예수와 열한 제자가 만난 것을 이렇게 쓴다. "Kai idontes auton prosekynēsan autō; hoi de edistasan." 이것을 그대로 직역하면 이렇다. "그리고 그들은 그[예수]를 보면서 그에게 경배하였다. 그러나 그들은 의심하였다." 그러나 전후 문맥을 제거하고, 이 문장을 번역한 사람들은 대다수 번역본이 제시한 번역과 자신의 것이 다르다는 것을 확인하게 된다.

우리말 주요 번역본들은 "예수를 뵈옵고 경배하나 아직도 의심하는 사람들이 있더라"(개역개정), "그들은 예수를 뵙고, 절을 하였다. 그러나 의심하는 사람들도 있었다"(새번역), "그들은 거기에서 예수를 뵙고 엎드려 절하였다. 그러나 의심하는 사람들도 있었다"(공동번역개정)로 번역한다. 사소한 문구의 차이는 있지만, 번역본들은 모두 예수를 경배하는 사람들 가운데 일부가 의심을 했다는 의미로 번역한다.

영어 번역 성경들도 경배하는 이들 가운데 일부가 의심했다는 식으로 번역한다(NASB, KJV, NIV, ESV, NLT, KJB, ISV, NET, AKJV, ASV, YLT, DRB 등). 독일어 주요 성경 번역본(Schlachter, Elberfelder, Luther 1984, Gute Nachricht, Menge, Einheitsübersetzung, Zürcher, Neue Genfer Übersetzung 등) 역시 마찬가지다.

직역하면 "그러나 그들은 의심하였다"를 주요 번역본들은 "그들은 의심하는 사람들도 있었다"로 옮긴다. 이 부분에 해당하는 그리스어 "hoi de edistasan"은 대략 세 가지 번역 가능성을 갖고 있다. 첫째, "그러나 [제자들 중] 일부가 의심하였다". 둘째, "그러나 그들[모든 제자들]은 의심했다". 셋째, "그러나 그들[제자들 외에 다른 이들]은 의심했다". 직역은 두 번째를, 다른 주요 번역본은 첫 번째를 택한 셈이다. 그런데 왜 쉬운 읽기인 직역이 아니라 용례를 찾고 찾아서 '의역'을 하려 한 것일까? 그것은 28장 17절에서 어떻게 예수의 특별한 부름을 받은 열한 제자가 예수가 일러준 산, 곧 계시와 영광의 산에 올라 부활한 예수를 보고 경배하면서도 동시에 의심할 수 있겠느냐는 생각 때문이다. 그러나 경배와 의심이 동시에 일어날 수 없다는 것은 인간의 정서와 심리에 대한 번역자들의 이해일 뿐이다.

마태복음서는 예수에 대한 믿음/찬양과 의심이 동시에 인간에게 가능하다는 것을 보도한다. 논의의 초점이 되는 '의심했다'라는 단어의 용례에 주목하면, 마태복음서 저자는 주요 번역자들의 인간에 대한 이해와는 다른 견해를 갖고 있음이 드러난다. '의심하다distazo'는 마태복음 28장 17절 외에 14장 31절에서 딱 한 번 더 사용됐다. 14장 31절은 14장 22~33절의 이야기 단위에 속한다. 14장 22~33절은 이른바 오병이어 기적 후(14:13-21), 예수가 제자들을 먼저 배에 태워 보내고 자신은 산에 올라갔다가 풍랑 이는 바다로 걸어가는 이야기다. 이른 새벽에 예수가 바다 위를 걸어서 제자들에게 갈 때 제자들은 바다 위를 걸어오는 예수를 알아보지 못하였다. 그들은 예수를 유령으로 인식하여 소리를 질렀다(14:26). 예수는 "나는 나다"라는 독특한 신적인 자기 선언으로 그들을 안심시켰는데, 베드로는 예수의 자기 선언을 듣고, 예수를 확인하고자 한다. 그런데 베드로가 물 위를 걸어오는 사람이 예수 자신임을 확인해달라고 예수에게 요청하는 방식이 흥미롭다. 베드로는 예수에게 "주님, 주님이시면, 나더러 물 위로 걸어서, 주님께로 오라고 명령하십시오"라고 요청한다. 베드로가 예수를 확인하는 방식은 자신도 물 위를 걷는 기적을 행하여 예수에게로 나아가게 해달라는 것이었다. 그러나 베드로는 바람이 불어오는 것을 보고 두려워하였고, 물에 빠져들게 되었다. 예수는 손을 내밀어 베드로를 건져내며 "믿음이 적은 사람아, 왜 의심하였느냐?" 하고 꾸짖는다(14:31). 바로 이 장면에 '의심'이라는 단어가 사용된다. 여기서 마태는 의심을 무신無信이나 불신不信이 아니라 '적은 믿음'과 연결한다. 마태에게 '의심'은 한 사람에게서 '믿음' — 비록 그것이 '적은 믿음'이기는 하지만 — 과 동시에 일어날 수 있다. 예수는 베드로를 구한 후 함께 배에 올랐고, 마침내 바람이 잠잠해졌다. 그리고 배 안에 있는 사람들은 예수에게 경배하며, 예수를 향하여 "참으로 하나님의 아들"이라고 고백한다.

14장 22~33절의 '의심하다'와 '적은 믿음'의 사용은 28장 17절에 대한 다수 번역의 암묵적 전제를 무너뜨린다. 한 사람 혹은 한 무리가 예수와 관련하여 '의심'과 '믿음'을 동시에 품을 수 있다면, '의심'과 '경배'가 한 주체에게 동시에 일어나는 것이 불가능하다고 판정할 이유는 없다. 마태복음서에서는 한 주체가 '의심'과 '경배'를 동시에 할 수 있는 것이었다. 이러한 인간의 모순적 내면 이해는 마태의 부활 이야기와도 더 잘 어울리며 공명한다.

안식일이 지나고 첫날 무덤을 찾은 여인들은 천사를 만나 예수의 부활 소식을 듣는다(28:7). 이에 여인들은 그 소식을 듣고는 '무서움과 큰 기쁨meta phobou kai charas megales'을[54] 느끼며 제자들에게 소식을 알리려 달려갔다(28:8). 그런데 갑자기 그들은 부활한 예수를 만났다. 부활한 예수는, 갈릴리 바다 위에서 제자들이 무서워서 소리를 지를 때 자신의 정체를 알리고 그들을 안심시키려 하던 행동을 여기서도 반복한다. 예수는 여인들에게 평화의 인사를 건넨다(28:9). 이 이야기에서는 "나는 나다"와 같은 신적 선언은 없지만, 죽은 사람들 가운데서 부활했다는 것 자체가 예수의 신적인 정체와 권세를 증명한다. 부활한 예수의 몸 자체가 예수의 정체와 권세의 압도적인 증거이자 선언이므로, 여인들은 예수에게 '나아와' 마치 예수가 베드로의 손을 잡듯(14:31) 예수의 발을 붙잡고(28:9) 경배했다. 이 단락은 위에서 확인한 14장 22~33절의 구조를 반복한다. 여인들의 무서움이 있고, 이에 부활한 예수는 여인들에게 자신의 정체를 확인해주며, 예수의 부활 권세 앞에 선 여인들의 경배가 일어난다.

28장 17절이 속한 28장 16~20절 역시 위의 두 본문의 이야기 구조를 반복 및 변주한다. 열한 제자는 (아마도 여인들에게 전해 듣고) 예수가 일러준 산에 도착한다. 그러나 그들이 큰 기쁨으로 가득 찬 상태가 아니라는 점을 마태는 28장 11~15절에서 암시한다. 그들은 여인들을 통해 예수의 부활 소식을 들었지만, 동시에 대제사장과 장로들이 낸 소문 또한 접하였다. 그 소문에 따르면 예수의 시체가 무덤에 없는 것은 예수의 부활 때문이 아니라, 누군가가 예수의 시체를 도둑질했기 때문이다. 마태는 '오늘날까지' 그 소문이 '널리 퍼져' 있다고 전하면서(28:15) 열한 제자가 예수 부활을 확실하게 믿기에 어려운 상황을 설정한다. 더군다나 열한 제자에게 소식을 전해준 이들은, 비록 그들이 두 명이긴 했으나 법정 증인의 자격을 갖추지 않았다고 여겨지는 여인들이었다.

마태는 이러한 설정에서 열한 제자가 산에 올라서 부활한 예수를 보았다고 전해준다(28:16). 이때 열한 제자가 산에 올라 예수를 보고 있는(28:17) 것은 풍랑이 이는 바다에서 배를 탄 제자들이 바다 위로 걸어오는 예수를 보고 있는(14:26) 것과 정확하게 일치한다. 두 장면 모두에서 제자들은 예수를 보고 있었지만, 예수의 정체와 권세를 온전히 깨닫지 못했다. 갈릴리 바다에서 제자들, 특별히 베드로가 예수의 정체와 권세를 확인하고자 바다 위를 걸었지만 '적은 믿음'으로 인해 물속에 빠져들었듯이, 갈릴리의 한 산 위에서 열한 제자는 부활한 예수를 보았고 심지어 그에게 경배하였지만, 그의 정체와 권세를 의심하였다. 갈릴리 바다에서 예수가 자신의 권세로 베드로를 풍랑이 이는 바다에서 건져주고 배에 함께 올라 제자들에게 자신의 모습을 보여주었듯이, 갈릴리 산 위의 예수는 의심하는 제자들을 위해 그들 앞에 나아간다. 부활한 예수가 제자들 앞으로 나아가는 것은 예수가 배에 오른 것처럼 그의 정체를 제자들에게 확인해주는 것이다. 마지막으로, 배에 오른 예수가 제자들에게서 '하나님의 아들'이라는 고백을 받으며 경배를 받았듯이, 갈릴리 산 위의 예수는 자신의 '아들' 됨(28:19), 곧 그의 정체와 자신에게 있는 하늘과 땅의 모든 권세에 관해 선언한다. 바다 위를 걷는 기적이 유대 전승에서 하나님과 같은 신적 존재에게만 가능한 것이라고 여겨졌듯, 하늘과 땅의 모든 권세를 가졌음을 선언하는 것은 신적 존재에게만 가능하다. 특별히 예수가 '하늘'의 '모든' 권세를 가졌음을 선언한 것은 대단히 독특한 것으로 당시의 로마 황제나 유대 전승의 어떤 영웅도 '하늘'의 '모든' 권세를 가졌음을 주장하지는 못했다. 부활한 예수의 정체가 확인되고 예수의 신적 권세가 천명됨으로써, 비록 의심을 품고 시작한 것이지만 제자들의 경배는 의의 있는 것이 되었다.

이와 같이 28장 16~20절은 14장 22~33절 및 28장 8~10절의 구조와 주제를 반복 및 변주한다. 열한 제자는 부활의 소식 및 예수의 시체 도난이라는 상치된 정보를 가지고 부활한 예수를 본다. 그러나 제자들이 예수를 보는 것은 바다 위에서처럼 예수의 온전한 정체를 확인하는 데에 미치지 못한다. 그들은 베드로처럼 '의심'한다. 이에 예수는 그의 신적 정체와 권세를 제자들에게 선언한다. 이것은 예수 경배라는 배경에서 일어난다. 따라서 28장 17절은 기존의 다수 번역보다 "그들은 예수를 보고 경배하였다. 그러나 그들은 의심하였다"로 옮기는 편이 마태복음서에 나오는 다른 본문의 이야기 전개 구조, 그리고 그 신학에 더 부합한다. 이 번역의 문제는 우리가 가진 인간, 사회, 자연에 대한 이해가 성서와 신앙 이해에 암암리에 영향을 미친다는 것을 잘 보여준다. 이런 문제를 접하면서 끊임없이 자신의 한계를 확인하며 겸허해지는 것이 신앙인의 자세라고 할 수 있다.

맺는말: 진리의 성령을 초대하며

내가 아버지께 구하겠다. 그리하면 아버지께서 다른 보혜사를 너희에게 보내셔서, 영원히 너희와 함께 계시게 하실 것이다. 그는 진리의 영이시다. 세상은 그를 보지도 못하고 알지도 못하므로, 그를 맞아들일 수가 없다. 그러나 너희는 그를 안다. 그것은, 그가 너희와 함께 계시고, 또 너희 안에 계실 것이기 때문이다. (…) 그러나 보혜사, 곧 아버지께서 내 이름으로 보내실 성령께서, 너희에게 모든 것을 가르쳐주실 것이며, 또 내가 너희에게 말한 모든 것을 생각나게 하실 것이다. 요한복음서 14장 16-17, 26절

새삼스러운 말도 아니지만 현재 한국에서 가르치고 있는 성령의 모습은 성서가 제시하는 바와 많이 다르다. 그

리스도인들은 성령에 대해서 비성서적인 이미지를 가지고 있거나, 성령의 역사 중 특정한 활동에만 관심을 쏟는다. 그 이유를 여러 곳에서 찾을 수 있겠지만 각종 설교나 성서공부 등에서 실제로 성서는 침묵을 강요당하고 있기에 이런 불상사가 발생하지 않았나 싶다.

많은 설교가 설교의 본문과 관계없거나 전후 문맥을 떼어내고 진행된다. 성령에 대한 설교나 성서공부도 여기서 예외는 아닌데, 특별히 성령에 대한 여러 이야기는 주로 설교자나 강연자의 체험에 근거를 두고 전개되기에 간혹 위험하기 그지없는 '복음'이 무차별적으로 살포되는 현장을 목격하곤 한다. 현재 우리나라 강단에서 일어나는 '성령을 받으라' 혹은 '성령 체험을 하라'는 외침은 방언이나 입신, 예언이나 치유 등의 기적적인 체험을 하라는 말과 동일시된다. 성령 체험은 불같이 뜨거운 무엇이고, 이성과 관련 없는 열광적인 어떤 것이다. 성령께서 그런 식으로, 그런 체험을 선사하며 일하시기도 하지만 성서는 성령을 진리의 영으로 부르기도 한다.

특별히 요한은 보혜사 성령을 '진리의 성령'으로 부른다. '보혜사'는 그리스어 '파라클레토스parakletos'의 번역인데, 문자적으로는 '옆에서 돕기 위해 불린 자'를 뜻한다. 재판정에서는 변호사가 될 수 있고, 일상생활에서는 보호·도움·안정 등을 주는 위로자, 상담자 등의 뜻으로 쓰일 수 있다. 요한복음서의 성령은 (그 별칭에 따르자면) 무엇보다도 예수의 신자들을 위로하고 보호하며 상담하고 도와주는 영으로 소개된다. 종교개혁가 루터는 그래서 '파라클레토스'를 '위로자'로 부르자고 제안하기도 했다. 이 '보혜사'는 요한복음서에서 진리의 영으로 불린다(14:17, 15:26). 하나님과 예수 그리스도의 말씀을 증언하고, 제자들에게 예수의 모든 말씀을 깨우치며 기억나게 하는 것이 진리의 성령이 하는 주된 임무 중 하나다(14:25-26). 보혜사 성령은 예수에 대해 제자들에게 증언할 뿐 아니라 제자들로 하여금 예수의 증인이 되도록 격려하고 지혜를 준다(15:26). 또 보혜사 성령은 죄, 정의, 심판에 대한 세상의 그릇된 생각을 꾸짖어 바로잡는다(16:8-11). 그는 선포된 진리를 진리로 이해하도록 돕고, 그 진리대로 살도록 하는 '진리의 영'인 것이다. 이를 통해 보면 요한복음서의 보혜사 성령은 방언이나 열광, 뜨거움으로 일하시는 분이라기보다는 날카로운 사리분별, 곧 진리에 대한 깨우침과 분명한 증언을 통해 제자들을 위로하고 격려하며 세상을 향해 증언자가 되라고 용기를 북돋우는 분이시다.

오늘 우리는 진리의 성령을 우리 삶에 초대한다. 그 진리의 영은 우리가 손으로 한 글자 한 글자 짚어가며 읽는 성서의 뜻을 감동 속에서 깨우칠 것이다. 우리는 성서를 조명하는 진리의 영의 인도를 받아 세상을 해석하며, 다가올 하나님 나라의 전망대에 올라 증언하고, 그 증언대로 산다. 진리의 영은 우리를 압제하기보다는 우리를 설득하여, 신음하는 피조물이 생명의 길을 찾도록 도우리라.

주

1 안셀무스는 11세기의 뛰어난 기독교 철학자이자 신학자였다. 그는 이른바 스콜라주의의 창시자 중 한 명이었는데, 하나님에 대한 '존재론적 증명'으로도 유명하다. 그의 주요 저서가 우리말로도 번역되었다. 안셀무스, 이은재 역, 《인간이 되신 하나님》(한들, 2007).

2 이 동사의 원형은 'dialegomai'이다. 이 동사는 논리적인 토론의 맥락에서 '논증하다', '토론을 행하다', '반박하다', '논리적으로 설득하다' 등을 뜻한다.

3 '외경'으로 번역된 'apocrypha'는 그리스어 'apokryptein'에서 유래된 것으로 '무엇인가를 감추다'라는 뜻이다. 외경 이해를 위해서는 브루스 메츠거, 민영진 역, 《외경이란 무엇인가》(컨콜디아사, 1985)를 참조하라.

4 '정경'으로 번역되는 'canon'이란 헬라어 단어는 원래 '갈대'를 뜻한다. 고대 근동의 목수나 건축가들이 이 갈대를 잣대로 사용하여, 이 단어에 '무엇인가를 잰다'는 뜻이 덧붙게 되었다. 이후 '삶과 행위의 규범'이라는 추상적인 뜻과 함께 '목록'이나 '범주'라는 의미도 갖게 되었다.

5 정경화 작업에 대해서는 크레이톤 해로프, 정광욱 역, 《쉽게 풀어 쓴 신약성경 사본 이야기》(여수룬, 1995)를 참조하라. 복음서들의 정경화 과정을 자세하게 보려면 다음 글을 참조하라. 민경식, "초기 그리스도교 복음서들의 정경화와 비정경화", 〈한국사상사학〉 55 (2017), 177-204.

6 학자에 따라 누가-행전의 저작 시점을 주후 120년 무렵으로 추정하기도 한다. 그러나 이 글의 논의에서 저작 시점의 차이는 크게 중요하지 않다.

7 초기 기독교에서 나온 다양한 문헌들은 다음의 웹사이트에서 손쉽

게 구해 볼 수 있다. http://www.earlychristianwritings.com.

8 주류 교회의 정경화 작업이 마르키온의 정경화보다 앞서 있었다는, 따라서 마르키온이 주류 교회의 정경화 작업을 촉발했다는 기존의 견해가 과장되었다고 주장하는 학자들도 있다.

9 민경식, "초기그리스도교 복음서들의 정경화와 비정경화", 〈한국사상사학〉 55(2017), 177-204를 보라. 정경화, 곧 정경 목록을 만드는 과정에는 적절한 기준이 필요했다. 그러나 그 정경의 기준이 선택과 배제 과정에 엄격하게 적용된 것은 아니다. 이른바 교회정치학적 합의 과정이 있었다.

10 '위경'이란 보통 익명의 저자가 유명한 사람의 이름을 빌려 저작한 문서들을 가리킨다. 개신교에서 위경으로 분류되는, 1세기 후반 널리 읽혔던 유대적 기독교인의 작품들로는 〈에녹서〉, 〈쥬빌리서〉, 〈제4 에스라서〉 등이 있다. 이 중 일부는 초기 기독교회에서 중요한 영향력을 발휘하던 에티오피아 교회의 정경이기도 했다.

11 독자들의 고백이 있기 전에 저자 스스로가 자신의 글이 성령의 감동으로 된 것이라고 주장한 여러 예들이 있다. 이것은 정경으로 채택되지 못한 문헌에서도 그렇다. 예를 들어 클레멘트는 고린도 교회에 보내는 편지에서 다음과 같이 기록한다. "그분에 의해 우리를 통해 선포된 말씀 (…) 성령을 통하여 우리가 기록한 것들"(클레멘트 1서 59:1; 63:2).

12 2005년에는 5,500여 개였으나 2024년 현재 신약성서 그리스어 사본은 개수는 당연히 늘었다. 대략 5,700여 개로 계산한다. 그동안 새로 발견되고 읽은 사본은 그리스어 신약성서 비평본인 네스틀레-알란트 성서(Nestle-Aland Novum Testamentum Graece)에 반영되었다. 이 그리스어 비평본은 학자들과 성경 번역자들이 압도적으로 가장 많이 사용하는 표준 텍스트다. 우리나라 신약성서도 이 표준 텍스트를 번역 대본으로 삼는다.

13 이 말은 신약성서 본문이 구성된 지난하고 복잡한 역사를 오해하게 할 여지가 있다. 그러나 우리에게는 충분한 지면이 없다. 다음 책을 참조하라. 박창환, 《성경의 형성사: 말씀이 책이 되기까지》》(대한기독교서회, 2024).

14 성서의 문자적 무오류와 관련하여 즐겨 인용되는 요한계시록 22:18-19이나 마태복음 5:18은 성서의 문자적 무오류보다는 말씀의 중요성을 표현한 구절들이다. 타 종교의 경전들 역시 자신들의 무오류와 영원성을 주장하는 경향이 있다. 금강경은 상당한 분량을 자신의 책의 가치를 주장하는 데에 할애한다. 이슬람의 꾸란은 자신의 글이 영원한 하나님의 말씀이라고 강력하게 말한다.

15 쇠얀 키르케고르, 이명곤 역,《죽음에 이르는 병》(세창출판사, 2020).

16 이 책의 초판에는 이렇게 기록하였다. "2005년 현재 미국은 창조론의 변형인 지적설계론이 진화론과 함께 고교 생물 시간에 학생들에게 교육되어야 하는가를 두고 논쟁 중에 있다. 지적설계론이 생물 시간에 교육되어서는 안 된다고 주장하는 이들은 '지적설계론'이란 사실 기존의 기독교 창조론을 위장僞裝한 '트로이의 목마'일 뿐이라고 말한다. 반면, 지적설계론이 고교 생물 시간에 교육되어야 한다는 사람들은 그들의 신앙적 의도를 숨기지 않는다. 그들에 따르면, '지적설계론은 복음 전파의 길을 내는 세례 요한과 같은 이론'이다." 알려진 바에 따르면 해당 사건의 판사는 이른바 보수적인 기독교인이었다. 판결 과정은 신중하였으나 그 결과는 일방적이었다. 지적설계론은 결국 법정에서 공립학교에서 가르치면 안 되는 종교적 주장일 뿐 과학은 아니라는 판결이 났다.

17 가현설docetism은 '~을 생각하다' 혹은 '~으로 추정하다' 등을 의미하는 헬라어 'dokein'에서 나온 말이다. 이 이론의 핵심은 이 땅에서 예수가 육체를 갖지 않고, 단지 그렇게 보였다는 것이다. 곧, 예수는 육이 아니라 영뿐이었는데, 사람들은 예수가 육을 가진 것으로 착각했다는 것이다. '가현설'은 이후 역사학적 근거나 실체가 없이 단지 상상하거나 추정하는 사고 형태를 의미하기도 하였다.

18 후원자-피보호자 모델에 대한 개괄적인 이해를 위해서는 다음을 보라. S. N. Eisenstadt & L. Roniger, "Patron-Client Relations as a Model of Structuring Social Exchange," *CSSH* 22 (1980): 42-77; 존 J. 필치·브루스 J. 말리나, 이달 역,《성서 언어의 사회적 의미》(한국장로교출판사, 1998), 224-228.

19 이와 같은 관점에서 우리는 '명예/수치'가 지중해 사회의 주요 가치

로 등장하는 것과 후원제 사이에 긴밀한 연관관계가 있음을 추론할 수 있다. 브루스 J. 말리나, 심상법 역, 《신약의 세계: 문화 인류학적인 통찰》(솔로몬, 1993), 61-112.

20 Bruce J. Malina, *The Social Gospel of Jesus: The Kingdom of God in Mediterranean Perspective* (Minneapolis: Fortress, 2001), 40.

21 A. Blok, "Variations in Patronage," *Sociologische Gids* 16 (1969): 365-378.

22 존 도미닉 크로산, 김준우 역, 《역사적 예수》(한국기독교연구소, 2000), 135-139.

23 H. Moxnes, "Patron-Client Relations and the New Community," J. H. Neyrey (ed.), *The Social World of Luke-Acts: Models for Interpretation* (Peabody, Mass.: Hendrickson Publishers, 1991), 245.

24 개역/개역개정판 모두 "이러하므로 빌라도가 예수를 놓으려고 힘썼으나 유대인들이 소리 질러 가로되(이르되) 이 사람을 놓으면 가이사의 충신이 아니니이다. 무릇 자기를 왕이라 하는 자는 가이사를 반역하는 것이니이다"로 읽는다. 공동번역개정판 역시 "이 말을 들은 빌라도는 예수를 놓아줄 기회를 찾기 시작하였다. 그러나 유다인들은 '만일 그자를 놓아준다면 총독님은 카이사르의 충신이 아닙니다. 누구든지 자기를 왕이라고 하는 자는 카이사르의 적이 아닙니까?' 하고 큰소리로 외쳤다"라고 번역한다.

25 이 글은 오늘날 한국 교회의 납세 문제에 관한 성서적 관점을 묻는 요청에 의해 작성된 것이다. 따라서 이 글은 예수 당시의 세금 문제뿐 아니라 구체적인 우리나라 교회의 현실과 관련된 언급을 담고 있다.

26 개역/개역개정판은 '반 세겔 받는 자들'이라고 번역했지만, 이는 명백한 오역이다. 헬라어에는 '반 세겔'이라는 단어가 없고 대신 '디드라크마'라고 되어 있다. '디드라크마'는 '드라크마'라는 주화의 복수형태, 곧 '두 드라크마'를 의미한다. 역동적 일치 번역에 가까운 표준새번역/공동번역은 '디드라크마'를 '성전세'로 의역한다. 그러나 '디드라크마'는 마태복음서 기록 당시 로마제국이 거둔 여러 종류의 세금 액수였다. 따라서 본문의 '디드라크마'를 '성전세'로 국한하

여 번역할 이유는 없다.

27 이 글은 감리교신학대학교의 교지 〈감신〉에 실렸던 글을 일부 수정
   보완한 것이다.

28 요세푸스와 《유대전쟁사》에 관해서는 스티브 메이슨, 유태엽 역,
   《요세푸스와 신약성서》(대한기독교서회, 2002).

29 마태복음서 2장을 로마제국하의 정치적 정황을 배경으로 해석한
   것으로는 리차드 A. 호슬리, 손성현 역, 《크리스마스의 해방: 사회적
   맥락에서 예수의 유아기 설화 읽기》(다산글방, 2000).

30 게르트 타이센, 김명수 역, 《원시 그리스도교에 대한 사회학적 연
   구》(대한기독교출판사, 1986), 134-171.

31 '로마의 평화'의 여러 측면에 대해서는 클라우스 뱅스트, 정지련 역,
   《로마의 평화: 예수와 초대 그리스도교의 평화 인식과 경험》(한국신
   학연구소, 1994).

32 '평화를 준다'의 뒤에는 로마의 평화 수여와 관련된 관용어 'dare
   pacem'이 있다. 게르트 타이센, 류호성·김학철 역, 《복음서의 교회
   정치학》(대한기독교서회, 2002), 188.

33 비록 바울이 유대-로마 전쟁을 겪지는 않았지만 로마의 끊임없는
   정복욕에 따른 전쟁과 '로마의 평화'의 선전전에 익숙해 있음은 분
   명하다. 또한 다른 일반서신의 기자들 역시 로마의 폭력적 양상을
   익히 알고 있었다. 그들은 예수의 복음이 가지고 있는 정치적 폭발
   성을 신중히 다루면서도 핵심적 사항은 양보하지 않으려 하였다.

34 헬라어 austēros는 긍정적, 부정적 의미로 모두 사용된다. 기본적으
   로 '정확하다'는 뜻인데, 사람에게 이 단어를 사용했을 때는 '엄격
   한', '깐깐한', '까다로운' 등을 의미한다고 보는 편이 낫다. 새번역
   은 긍정적 함의가 있는 '야무진'으로 번역하였다. 나는 '야무진'보다
   '엄격한'으로 번역하는 편이 낫다고 생각하였다.

35 이 욕설의 심각성에 대해서는 Craig S. Keener, "'Brood of Vipers'
   (Matthew 3.7; 12.34; 23.33)," *JSNT* 28 (1, 2005): 3-11를 참조할 것.

36 유베날리스의 이 말은 흔히 건강한 육체를 도모하여, 건강한 정신
   이 깃들 수 있도록 하라는 격려로 해석된다. 그러나 이것은 완전한
   오해이다. 유베날리스의 풍자는 당시 상류 로마인들의 교육이 지나

치게 육체 단련에 있음을 비꼬는 것이었다. 그 격언의 본의는 '건강한 육체'에 그에 걸맞은 '건강한 정신'이 필요하다는 것이다.

37 '마태공동체'라는 말은 마태복음서를 산출한 것으로 상정되는 공동체를 가리키는 말이다. 이것은 신약의 복음서들이 한 개인의 저작이 아니라 공동체의 산물임을 통찰한 결과이다.

38 이에 대한 알려면 공동번역 성서에 실린 〈마카베오 상〉을 참조하라.

39 이것을 기념하는 유대인의 절기가 바로 크리스마스와 비슷한 시기에 있는 '하누카'이다.

40 물이나 불에 대한 이미지 연구로는 가스통 바슐라르의 글들을 참조하라.

41 Simo Parpola, "The Magi and the Star," *Bib Review* XVII (6, 2001): 16-23, 52, 54.

42 G. Theissen, "Vom Davidssohn zum Weltherrscher. Pagane und Jüdische Endzeiterwartungen im Spiegel des Matthäusevangeliums," M. Becker & W. Fenske (Hrsg.), *Das Ende der Tage und die Gegenwart des Heils. Begegnungen mit dem Neuen Testament und seiner Umwelt* (Leiden: Brill, 1999), 145-164.

43 David Potter, *Prophets and Emperors: Human and Divine Authority from Augustus to Theodosius* (Cambridge, Massachusetts: Harvard University Press, 1994).

44 '다윗'의 히브리어 표기는 ' דוד '인데 이것의 자음인 'ד'는 4를, 'ו'는 6을 가리킨다. 따라서 이 단어의 숫자의 합은 14가 된다.

45 이 글은 나의 박사학위 논문 중 일부를 수정한 것이다.

46 W. D. Davies, & Dale C. Allison, Jr., *Commentary on Matthew* 3 vols. (Edinburgh: T&T Clark, 1987-1997), 1:210.

47 바울의 '죄'와 '해방'에 대한 표상 역시 개인의 내면 문제를 넘어서서 사회적 현실, 특별히 정치적 권력의 범위까지 포괄한다는 주장에 대해서는 Luise Schottroff, "Die Schreckensherrschaft der Sünde und die Befreiung durch Christus nach dem Römerbrief des Paulus," Luise Schottroff ed., *Befreiungserfahrungen*.

Studien zur Sozialgeschichte des Neuen Testaments (München: Kaiser, 1990), 57-72를 참조하라.

48 Andrew Wallace-Hadrill, "The Golden Age and Sin in Augustan Ideology," *Past and Present* 95 (1982): 19-36, 특별히 25.

49 영국의 주도적 신약학자 N. T. 라이트에 따르면, 이것이 '죄 사함'에 대한 1세기 이스라엘의 신앙의 본질이었다. "이스라엘의 죄가 포로생활을 불러왔다면, 이스라엘의 죄 사함은 민족의 회복을 의미할 것이다. … 주후 1세기 유대인들에게 '죄 사함'이라는 표현의 가장 자연스러운 의미는 우선적으로 개개인의 죄에 대한 사함이 아니라 민족 전체의 죄를 처리하는 것이었다. 그리고 포로생활은 그러한 죄들에 대한 징벌이었기 때문에, 그 죄들이 사함 받았다는 것을 보여주는 유일하게 확실한 증표는 포로생활로부터의 분명하고도 확실한 해방이 될 것이다." N. T. 라이트, 박문재 역,《신약성서와 하나님의 백성》(크리스챤다이제스트, 2003), 453.

50 A. H. Bartelt, *The Book Around Immanuel: Style and Structure in Isaiah 2-12* (Winona Lake, IN: Eisenbrauns, 1996), 114-131.

51 여기까지가 초판의 내용이다. 다른 부분은 현재 생각이 조금 달라진 부분이 있어도 해석의 가능성 및 다양성 차원에서 그대로 두어도 된다고 판단했다. 그러나 이 본문에 관해서는 위의 해석과는 대비되는 견해를 꼭 소개하고 싶다. 본문의 이어지는 내용을 보라.

52 이곳의 '동풍'은 김수영의 시,〈풀〉에 나온 '동풍'이다.

53 다음 글〈목사가 할 일과 집사가 할 일?〉참조.

54 여기서도 마태는 사람의 감정이 단일한 상태에 있지 않을 수 있다는 것을 보여준다. '무서움'이 신적 현현에 따른 경외감이라 할지라도 그것은 '큰 기쁨'이라는 감정과 복합적으로 한 주체 안에 동시에 공존할 수 있다.